ちくま新書

日本人なら知っておきたい日本の伝統文化

吉村 均
Yoshimura Hitoshi

5

日本人なら知っておきたい日本の伝統文化【目次】

序章
日本人の知らない日本の伝統

現在の日本で、私たちが日本の伝統について学ぶ機会は、あまり多くありません。日本の文化や宗教を学ぶことを妨げている最も大きな要因として、学校教育や近代的な学問の性格と、明治維新の際の神仏分離を挙げることができます。

†学校教育と近代の学問の問題点

江戸時代、幕府は鎖国政策(といっても長崎でオランダや清との貿易はおこなっており、キリスト教は禁止されていましたが、それ以外の外国の知識ははいってきていました)をとっていましたが、西洋諸国はアジアへの進出を推し進め、アジアの国々は次々とその植民地となっていきました。なかでも大きな衝撃を与えたのが、アヘン戦争(一八四〇〜一八四二)です。

イギリスは中国(当時の清)から大量の茶葉などを輸入し、貿易赤字解消のため、清にアヘンを密売していました。アヘンはきわめて中毒性が高く、吸う人の人格を破壊してしまう麻薬です。それを清の役人が取り締まって、アヘンを没収し、イギリスはその報復として、清に攻め込みました(イギリス議会でも、さすがに正統性がないと反対する声があがったほどです)。ところがアジアの大国清がイギリスに負けてしまい、このままでは日本もいずれどこかの植民地にされてしまう、その危機感が明治維新をおこし、日本は近代化の道を歩み始めました。

国の方針が変わったといっても、国民一人一人が変わっていかないと、実際に国は変わりません。そのために設けられたのが、学校教育制度と近代的な学問でした。そこでは西洋の知識や技術を取り入れることが目指され、日本のことは、西洋のあり方をスタンダードとして学ばれました。

学校の日本史や古文の授業について、「暗記物」という印象を持っている人も多いと思います。それは自分たちの知らない土地について本を通じて学ぶやり方で、日本のことも学んでいるためです。

私たちは学校での教育について、楽しかった、つまらなかったと思うことはありますが、それが何を目的とするものなのかを考えることは、あまりありません。しかしそれは特定の意図で設けられたものなのです。

たとえば、そのひとつに、運動会と入場行進があります。近代化の大きな目的のひとつに、西洋式の軍隊をつくることがありました。実は、かつての日本人の歩き方は、今とは違って、右手と右足、左手と左足を交互に出すものでした（「なんば」といいます）。剣道や日本舞踊などを習っている人がいたら、その動きが右手と右足、左手と左足が交互であることがわかるでしょう。

戦前は日本も徴兵制度があり、一定の年齢になると徴兵検査を受け、問題がなければ兵役の義務がありました。しかし軍隊にはいってから、右手と左足、左手と右足の西洋式の行進を学ぶのであれば、軍隊としては役に立ちません。子供の頃から右手と左足、左手と右足の行進の仕方を身につけるために、学校で運動会をおこない、入場行進をおこなわせるのです。

そもそも、科学技術はともかく、人文系の学問は、その背景の文化が西洋と日本では大きく異なるため、日本の実情に当てはまらない場合が少なくありません。

たとえば、次の文章について考えてみてください。

「僕は君が持っているのと同じ本を欲しい。」

この文章で、「本を欲しい」のは誰ですか？　と尋ねられたら、日本人であれば、百人が百人、「僕」と答えるでしょう。しかし、たとえば留学生から、「私はまだ日本語があまり上手ではなく、「君が」が主語で、「欲しい」のは「君」ということはありませんか？」と尋ねられたら、どうするでしょうか。日本人同士で顔を見合わせ、「この場合は「僕」

だよね」と言い合うだけでは、説明にはなりません。

実は、この文章を説明するのが、係《かか》り結《むす》びの法則なのです。係り結びについては学校で習っていると思いますが、もし、係助詞《けいじょし》の「ぞ」「なむ」「や」「か」があると文末が連体形に、「こそ」があると已然形《いぜんけい》に変わる古文の特殊現象とのみ覚えているのであれば、それは係り結びの本質を分かっていません。

係り結びは意味のつながりの法則で、江戸時代の国学者本居宣長《もとおりのりなが》によって発見されました。文末の形は変わりませんが、「は」「も」も係り結びをつくる係助詞で、現代の私たちも係り結びを使って読み書きしているのです。

この文章の場合「僕は」は係り詞《ことば》で、意味は文末の結び詞の「欲しい」につながります。それに対して「君が」の「が」は係助詞ではないので、意味はすぐ後ろの「持っている」にしかつながりません。

主語‐述語というのは、英語やフランス語、ドイツ語、ラテン語など、西洋の言葉の文法法則で、それらとはまったく系統の異なる日本語を、主語‐述語で説明することはできません。私たちが現に使っている日本語を説明するためには、近代の言語学ではなく、江戸時代に発見された係り結びを用いる必要があるのです。

†文化と宗教の関係

今のできあがった文化を見ると、そのなかに様々なジャンルがあり、宗教はそのひとつにすぎない、と感じられるかもしれません。しかし、成り立ちを考えるなら、政治にしろ経済にしろ、美術や文芸はもちろんのこと、宗教の一部としてはじまり、後に独立したジャンルとなっていったものです。

これは洋の東西を問いません。クラシック音楽はキリスト教の教会音楽からはじまり、バッハやモーツァルトやベートーベンも、ミサ曲を作っています。西洋の伝統的な芸術教育は、石膏デッサンから始まりますが、その石膏像のオリジナルは、ギリシアやローマの神像で、地中に埋もれ、後に掘り起こされて美術館で飾られているものです。

ですので、何を信じるか、あるいは宗教を信じる－信じないはその人の自由ですが、その国の文化を理解し説明しようとするなら、それらを生み出した宗教について知っておくことが必要になります。

しかし、私たちは西洋のことをスタンダードとする習慣が身についているため、「カミ」という日本語を聞くと、まずキリスト教の神を思い浮かべるようになっています。

仏教についてはさらに深刻で、明治になって仏教の各宗派が近代的な大学をつくってそこで僧侶の卵の育成をおこなうことになり、そこでは当時のヨーロッパでおこなわれていた近代的な仏教研究が学ばれました。それは、まだ仏教がよく知られておらず、アジアとヨーロッパで人の行き来も容易ではなかった時代の研究で、実際の仏教の発想とは大きく異なるものでした。

そのため、お経の節回しや儀式のやり方は、伝統的なものが受け継がれていますが、仏教が本当はどういう宗教であるかについては、僧侶であってもなかなか学ぶ機会がない、というのが実情です。

†神仏分離がもたらしたもの

もうひとつ、日本の文化に深刻な打撃を与えたものとして、明治維新の際の神仏分離(正式には「神仏判然令」)があります(一八六八)。これは、一時的にくっついていた二つのものを元に戻した、というような単純なものではありません。そもそも、古代に仏教が伝わってから千数百年間、日本は神仏習合の状態が続いていました。簡単にいうと、神社とお寺は、今のような別々の宗教の施設ではなかったのです。それを無理やり分けたのが、神仏分離です。ですので、京都や奈良に出かけて古い神社やお寺の建物を見て、「これが伝統的な姿」だと思うのは、とんでもない間違いなのです。いくつかの例を紹介しましょう。

。**厳島神社（広島県）**

広島県の厳島《いつくしま》神社は海岸に社殿が作られ、満潮時にはまるで海の上に社殿があるかのようで、世界遺産に認定され、海外からも大勢の観光客が訪れます。しかし、実際に現地に行くとわかるのですが、社殿の背後のすこし高いところには五重塔があります。これはなぜかというと、神仏分離以前にまつられていたのは、仏教系の弁財天でした。厳島神社には平清盛ら平家一門が奉納した平家納経《のうきょう》（国宝）がありますが、なぜ神社に仏教のお経を奉納したかというと、そこにまつられていたのが仏教系の神だったからです。

明治にはいり、神仏分離がおこなわれ、神社かお寺かはっきりさせなさい、となった時、厳島神社は「うちは日本の神をまつっている神社です」として、それまでまつられていた弁財天は神社の外に出してしまいました。五重塔も、取り壊しはされなかったのですが、中の仏像はすべて撤去されました。建物は古いものが残っていますが、まつっている神を

背後に五重塔のある厳島神社

入れ替えているのです。

厳島神社のある宮島のおみやげ品のひとつに「しゃもじ」があります。それは、弁財天が琵琶を持った女神の姿で表され、その琵琶に形が似ているためです。厳島神社は日本の神をまつった神社だとなると、なぜ「しゃもじ」が名産なのか、説明できなくなります。

・日光東照宮（栃木県）

同様のことは、同じ世界遺産の日光東照宮でもおこなわれました。現在は徳川家康を神としてまつる神社とされていますが、江戸時代の説明では、戦国の世に終止符を打ち、徳川の太平の世を築いた

日光東照宮五重塔

家康を、薬師《やくし》如来《にょらい》の化身《けしん》（「東照大権現」）としてまつるものでした。ですので、有名な陽明門のすぐ脇に、本体である薬師如来をまつる本地《ほんじ》堂《どう》があり、参道には五重塔があります。神仏分離で家康を神としてまつる神社とした時、それらの仏教系の施設を移設する話も出たのですが、その費用を用意できず、そこまでしなくてもいいことになりました。

◦石清水八幡宮・鶴岡八幡宮

京都の南にある石清水《いわしみず》八幡宮《はちまんぐう》や鎌倉の鶴岡《つるがおか》八幡宮の神は、かつては「八幡大菩薩」と呼ばれ、仏教とのつながりが深い神でした。仏教系のお堂があり、大勢の僧侶がいました。それらがすべて撤去されたのが、現在の八幡宮です（八幡については第二章の終わりでまた取り上げます）。

「神仏判然令」ですから、どちらを答えてもいいはずなのですが、それには裏がありました。そもそも神仏分離をおこなうのは、日本が近代化の道を進む際に、その精神的支柱として日本の神々とその子孫の天皇を位置づける（国家神道）狙いがありました。日本の神々が外国の仏教と深く結びついたものであることは、都合がわるかったのです。

おまけに、さすがにこれはやりすぎだというのでなくなりましたが、当初は「うちは日本の神をまつる神社で私は神主です」と答えると、公務員のようにお給料が出て、「うちはお寺で、私は僧です」と答えると、「好きにしなさい」ということになりました。そもそも大寺社を保護していた幕府や藩も明治にはいってなくなりますから、「お寺です」「僧です」と答えた途端に、経済的に成り立たなくなるようになっていたのです。そのため、大寺社ではなんとかして「うちは神社です」「私は神主です」と答えようとしました。

取り壊された鶴岡八幡宮大塔

興福寺を手前、奥に春日大社を描く春日社寺曼荼羅（奈良国立博物館）

。興福寺・春日大社（奈良県）

奈良の興福寺と春日大社《かすがたいしや》も、明治以前は一体のものでした。奈良公園全体が、ひとつの宗教施設だったのです。それがお寺と神社に分けられ、お坊さんたちは髪を伸ばして「私は神主です」と言おうとしたので、あの興福寺が一時、無住のお寺になってしまっていたといいます。

。法隆寺（奈良県）

寺や仏像を打ち壊す廃仏毀釈《はいぶつきしゃく》や、経済的に成り立たなくなり、歴史ある寺で廃寺になってしまったところもあちこちあります。鹿児島県のように県内に一切寺院がなくなったところもありました。

現在、東京国立博物館内に、法隆寺宝物館があります。これは、明治になって法隆寺が飛鳥時代以来のかなりの宝物を皇室に献納したためです。法隆寺でさえ、生き残るのが大変だった時期があったのです。

◦神社の祭神

現在、神社の多くは、『古事記』や『日本書紀』に登場する神々を祭神としています。これも、漠然とその土地の山の神、水の神とされていたのを、『古事記』や『日本書紀』の神々にした場合もありますし、厳島神社のように仏教系の神を改めたケースもありました。全国の祇園社は、スサノオを祭神としていますが、明治以前は牛頭天王《ごずてんのう》でした。稲荷社を狐をまつる神社と思っている人もいますが、狐は神のお使い・乗り物で、明治以前は狐に乗った女神の姿で表わされる荼枳尼《ダキニ》天をまつっていました。現在も豊川稲荷は仏教系に留まっています。

このようなことが全国規模でおこなわれたのが、神仏分離でした。

しかし、これまで述べてきたことと矛盾するように感じるかもしれませんが、私たちが日本の伝統と疎遠になってしまった、というわけでもありません。

†「日本人は宗教的に寛容」か？

最近はあまり聞かなくなりましたが、一時、「日本人は宗教的に寛容だ」ということがよくいわれていました（さらに前にはまったく同じ理由を挙げて「日本人は宗教的にいいかげんだ」ということがいわれていました）。一神教は他の宗教を認めないのに対して、日本人は宗教に寛容で、神社にもお寺にもお参りに行くし、クリスチャンではなくてもクリスマスをお祝いするというのです。

これを否定するのは簡単で、そもそももし本当に「寛容」なら、日本のクリスチャンの数はもっと多くていいはずです（人口の約一パーセントといわれています。お隣の韓国は約三割、フィリピンは九割がクリスチャンです）。神社にもお寺にもお参りするのは、それを別々の宗教に分けたのは、政府の都合によるにすぎず、人々は相変わらずどちらにもお参りをしているだけです。逆にいえば、表面的には神社とお寺は別々の宗教という知識はあるのですが、私たちの無意識的な行動では、それとは反する、それ以前のありかたに従っているのです（クリスマスについては、後で取り上げます）。

それはちょうど、文法というと、日本語をそれでは説明することができない主語－述語を考えるのですが、実際の読み書きでは、それとはまったく異なる係り結びで意思の疎通をおこなっているのと同じです。

私たちの心は太古の地層のようなもので、表面の現代の地層のすぐ下には、江戸時代の心、鎌倉時代の心、弥生時代や縄文時代の心があり、私たちが気づいていないだけで、それらは今も働きつづけているのです。

本書では、外の知識としての歴史ではなく、そのような心の歴史を掘り起こしていこうと思います。その第一の手がかりとなるのは、柳田国男《やなぎたくにお》の創始した民俗学です。

第一章

神のまつりと日本人

1　民俗学が目指したもの

†柳田国男による民俗学の創始とそのねらい

柳田国男（一八七五〜一九六二）の創始した民俗学は、近代化のために西洋の知識や技術を取り入れるために設けられた学問のひとつではなく、そういう学問や教育のあり方に強い危機感を覚えて始められたものです。柳田の問題意識は、『日本の祭』の冒頭を読むとよくわかります。これは東京帝国大学の全学会主催でおこなわれた講演（一九四一）を元にしたものです。

学校ができる前、人は家庭の中や村の中で、生きるための技術や人間関係のあり方、信仰心、伝統的な儀礼のおこない方などを身につけてきました。しかし明治になって学校ができ、子供たちは、学校に通って勉強するようになりました。そこで学ばれるのは、西洋の知識や技術を基本としたものです。そのため、何世代か経てば、かつて家庭や村のなかで学ばれていた、生きていくために必要なさまざまなことは、そういうものが存在した、ということさえ知られなくなってしまう。そうなってしまう前に調べて明らかにしておかなければならない、それが柳田の問題意識でした。

「これから私の説こうとする若干の知識は、諸君のおそらくは一度も考えてみなかったことであり、しかも以前の世においては、瘋癲白痴の者を除くのほか、一人として知らず感ぜずには通り過ぎ得なかった人生の事実なのである。」(『日本の祭』)

これが、当時の東大生に向けての言葉だと考えると、かなり辛辣な印象も受けますが、それだけ柳田が日本の学校教育のあり方や日本という国の方向性について、強い危機感を抱いていたということなのでしょう。

民俗学者が注目し、採集したもののひとつに、昔話があります。それらは囲炉裏端で祖父母が孫に語って聞かせるものでした。孫が学校に通うようになると、それらは語られる機会を失ってしまいます。現在、私

柳田国男

ナマハゲ

たちは日本の昔話を絵本やアニメで見ることができますが、それは民俗学者たちが記録して残したからであって、その努力がなければ、それらの多くは失われ、存在していたことすら知られないものになっていた可能性が高いのです。

当時はインターネットなどはなかったので、柳田は雑誌を発行し、全国に協力者を募って、農村や漁村の生活技術や年中行事、伝説、昔話、子供の遊びなどの事例を集め、それらから、日本の文化を生み出すもととなった宗教の最も古い形を探っていきました。

†民俗学者が明らかにした、日本の神のまつりの最も古い形

現在、私たちは日本の神というと一年中神社にまつられているものと考えていますが、民俗学者

ボゼ

が明らかにしたのは、より古いのは、秋田県のナマハゲや、鹿児島県のメンドン、ボゼ、沖縄のシヌグなどに面影を残している、力の強い存在を人間の世界の外から迎え入れ、もてなし、再び送り返す、というあり方だということでした。それらの多くは植物を身にまとい、仮面を着けるもので、現在、十の行事が「来訪神：仮面・仮装の神々」としてユネスコの無形文化遺産に認定されています。

一年中神社にまつるのがオリジナルではないことは、神社の祭礼の多くに神輿《みこし》や山車《だし》が出ることからもわかります。神輿は肩でかつぐ乗り物、山車は車がついていて引っ張る乗り物で、それに乗っているのは、神です。神社の祭礼では、まつりの当日、神は乗り物に乗って神社から出かけてし

縄文時代の土面（東京国立博物館）

まうのです。それは、一年中神社にまつるのが最初からの姿ではなく、まつりの日は本来、神が人間世界を訪れる日だったことを示しています。

それはどれくらい古くからのものなのでしょうか？ナマハゲの面や衣装などは腐ってしまい、残るのがむつかしいですが、縄文時代の遺跡から、粘土で作られた土面が見つかっており、日本に文字が伝わる遥か前、縄文時代の頃から、ナマハゲのような行事をおこなっていたことがわかります。

†神のまつりと年中行事

年中行事の説明は、中国に由来するもの、仏教に由来するものなど、さまざまですが、その中身は、何かを人間世界の外から迎え、もてなし、送り返す（あるいはその一部）で、古い神のまつりにさまざまな説明づけがなされたものであることがわかります。

。ひなまつり

たとえば、「ひなまつりは宗教行事ですか？」と尋ねられたら、多くの人は、伝統的なものではあるけれど、宗教行事ではない、と答えると思います。しかし、「ひなまつりが終わったら、すぐひな人形をしまわないといけない。そうしないと悪い事（娘の結婚が遅れる、など）が起きる」ということを聞いた人もいると思います。もし、ひなまつりに宗教性がまったくないのであれば、ひな人形を飾ろうと飾るまいと、飾りっぱなしにしておこうと、それが何らかの影響を与えるというのはナンセンスです。そこには意識されていない宗教性が隠れています。

流しびな

実は、内裏《だいり》びなを飾る習慣は、それほど古いものではありません。江戸時代に貴族や大名、豪商など、富裕層のあいだではじまったことで、それが全国的に普及したのは、戦後テレビ放送がはじまり、「娘さんの成長を祝ってひな人形を飾りましょう」というCMが盛んに放送された影響が大きかったといわれています。

鳥取県など、いくつかの地域に残っている流しびなが、より古い形だと考えられています。女の子たちが水辺に集まって男女一対の小さな人形――それが「おひなさま」です――をまつり、祭りが終わると川や海に流すものです。内裏びなのような高価なものが飾られるようになって、毎回流すのではなく、使いまわしされるようになったのですが、本来、あの世に送り返すものなので、ひなまつりが終わったら、すぐにかたづけないといけない、ということになったのだと思われます。ひな人形が飾りっぱなしというのは、ナマハゲがこの世に留まり続けている状態なわけで、そう考えると、娘の結婚が遅れる、というのも納得がいきます。

◦七夕

七夕《たなばた》は年に一回、織姫《おりひめ》と彦星《ひこぼし》が逢う日とされていますが、漢字の表記と読みが一致していません。これは、七夕の行事が日本の古いまつりと中国の星まつりが合体したものであることから来ていると考えられています。漢字で「七夕」と書くのは、中国の七月七日の星まつりから来ています。「たなばた」というのは、川などに張り出して作られた桟敷のことで、神がこの世に出現するのが水の中からの場合、神は裸で、巫女《みこ》は神に着せる衣を織って水辺で待つといわれ、そのような巫女のことを「たなばたつめ」と呼びました。水辺で機織りをして神を待つ巫女と、中国の星まつりが合体して、七夕の行事となったと考えられています。

◦お盆

お盆は仏教行事とされていますが、伝統的な仏教は死んでは生まれ、を繰り返す輪廻《りんね》を前提としていて、輪廻から解脱《げだつ》することや阿弥陀仏の世界（極楽《ごくらく》）に生まれることを目指します。それと先祖の霊が毎年帰ってくるというお盆の行事は食い違っていて、柳田国男は『先祖の話』で、死者の霊を迎え、もてなし、送り返すという、仏教が伝わる以前からの死者のまつりを仏教が取り込んだものが、お盆の行事だと説いています。

◦正月

正月に門に飾る門松《かどまつ》は、新しい年に神（歳神《としがみ》）を迎えるための依代《よりしろ》（神が宿るもの）でした。年の暮れに山に入り、松の木を伐ってそれを背負って帰ってくるという地域もありました（松迎え）。かつては数《かぞ》え年といって、誕生日に関係なく、新年を迎えるとひとつ年をとるという習慣がありましたが、お年玉は本来、お年魂で、歳神から一年分の生命力を授かり、それによって年をとるものだったという説もあります。新年の行事を旧暦一月十五日の満月の日におこなう地域も多かったです（小正月）。

松迎え

†神のまつりと日本の自然

なぜ日本人は、ナマハゲのような恐ろしい存在を迎え入れ、もてなし、再び送り返すということをやってきたのでしょうか。それは日本の自然と関係しています。

日本の自然は四季の変化に富み、日本は自然に恵まれている、とよく言われますが、実際には地震や火山の噴火、台風など、自然災害も少なくありません。

神とそのまつりの性格について知ることのできる資料として、奈良時代に編纂された

『常陸国風土記《ひたちのくにふどき》』行方郡《なめがた》のまつりの開始の記事があります。『風土記』は、朝廷の土地の産物や伝承について記して差し出すよう命じた詔《みことのり》に基づいて書かれたもので、残念ながらその多くは失われてしまっていて、常陸国（茨城県）の風土記は現存する数少ないもののひとつです。

継体天皇の時代、箭括麻多智《やはずのまたち》という者がいて、谷の芦原を開墾して田としようとしたところ、蛇の姿の神（「夜刀神《やとのかみ》」）が群れをなして現われて妨害した。麻多智は「甲鎧《よろい》」を身に着け「仗《ほこ》」で打ち殺して、山の麓まで追い払った。麻多智はそこを「神の地」と「人田」の境界として、今後、自分が司祭者となってまつると誓って、許しを乞うた。それ以降、今（風土記の編纂された奈良時代）に至るまで、子孫がまつりを続けている。

神を打ち殺して追い払っておいて、謝ってまつるというのは、矛盾しているように感じられますが、この矛盾にこそまつりの本質があります。夜刀神（漢字に意味はなく、音をあらわしていて「谷の神」「谷戸《やと》の神」と考えられています）については割註に「俗いはく、蛇を謂《い》ひて夜刀の神と為《い》ふ。其の形は、蛇の身にして、頭に角あり。……見る人有らば、家

弥生時代の遺跡から出土した木製の鎧。呪術的な文様が彫り込まれている（浜松市博物館）

門を破滅し、子孫継がず」とあり、角が生えており、見た人は子孫が絶えてしまうというのですから、ただの蛇ではありません。

　麻多智が「甲鎧」を身に着け「仗」で打ち殺した、と完全武装しているのも、夜刀神がただの蛇ではなく、人の命を奪うような恐ろしい存在と認識したための行動です。昔の人は、武器には人の命を奪う呪術的な力があり、それを防ぐ鎧などの防具も、単に物理的に攻撃を防ぐだけでなく、人の命を奪う力をはねかえす呪術的な力があると考えていました。鎧兜が過剰ともいえる装飾をほどこされ、神社などに奉納されているのも、呪術的な意味合いが含まれていると考えられていたためです。

　自然が無制限に力を発揮したら、私たちは生きていくことができません。といって、自然の力なしには、田んぼの稲も実りません。そのため、自然の力を人間の世界の外に排除して、その代償として、決まった日に来てくれたら、歓迎してもてなし、送り返すまつりをおこなう必要があったのです。まつりは自然の力に制約を加える代償行為でした。

四季のイメージが定まったのは、平安時代の『古今《こきん》和歌集』においてです。それは実際の自然の情景というより、理想化されたものとして自然を褒めたたえるものでした。京都は盆地で、夏は暑かったでしょうが、「暑くてうんざり」ということを歌に詠むことはできないのです。以前、ウォーとやって来たナマハゲに、子供が「ご苦労様でした」とお酒をついでいる映像を見たことがあります。実際にどう思っているかは別にして、訪れた神を歓迎する必要があるためです。和歌も宗教的なものに起源があり（後述）、自然を褒めたたえる必要があったのです。

†神をまつる場所――日本とヨーロッパ

オギュスタン・ベルクは、ヨーロッパでは都市の中央に広場があり、そこに教会が建てられているのに対し、日本では生活領域の端、自然との境界に神がまつられていることを指摘しています（『風土の日本』ちくま学芸文庫、『日本の風景・西欧の景観』講談社現代新書）。

伊和都比売神社（赤穂市）

ベルクによれば、山の「奥（oku）」と海の「沖（oki）」は同じ語源のことばで、聖なる領域への志向性をあらわしています。

日本人にとって、あの世は抽象的なものではなく、自分が生活している世界の、「あの山」の向こう、「あの海」の彼方、という具体性を帯びたものでした。それは強固なもので、外国から仏教がはいってきても、根本から変わることはなく、「あの山」の向こう、「あの海」の彼方に仏の世界がある、という形で仏教を受容しました。このことについては、折口信夫《おりくちしのぶ》が小説『死者の書』で描いています（後述）。

†明治以前の人々にとって「カミ」とは？

近代的な教育を受けた私たちは、「神」と聞くとキリスト教の神を連想してしまいますが、江戸時代の本居宣長（一七三〇～一八〇一）は、明治以前の人々が「カミ」という言葉でどのようなものを呼んでいたかを説いています。

『古事記』や『日本書紀』のような古代の教えに記された天地の神々も「カミ」であり、それをまつる神社の御霊も「カミ」である。人が「カミ」とされる場合があるのはもちろん、鳥獣木草、海山など、そのほか何であっても、「尋常《よのつね》ならず、すぐれたる徳《こと》のありて、可畏《かしこ》き物をカミとは云なり」（『古事記伝』）。

それが神であるかどうかは、対象によって決まるのではなく、それが「尋常」＝普通ではない、「すぐれた徳のあ」る（現代の言葉では「すぐれた」はいい意味にしか使われませんが、もともとは選別するという意味の「すぐる」からきていて、宣長はここに註をつけ、尊い・

上賀茂神社の神山と背後の比叡山

善いなどのよい意味の「すぐれた」だけでなく、悪い・奇《あや》しいなどの悪い意味で「すぐれた」ものもカミというのだ、と説いています）、「可畏き物」（＝恐れかしこまるほかないもの）であるかどうかで決まってくるというのです。

これは客観的な基準ではなく、主観的な捉え方で、言い換えれば、何がカミであるかは人によって変わってくるものでした。

これは西洋の神とは大きく異なります。西洋の神は世界の創造主ですから、信じる－信じないの違いはあっても、神は神です。

実際、安土桃山時代に来日したキリスト教の宣教師は、日本人が神というものをまつっていることを知っていましたが、彼らの信じるものとはまったく違うので、それを日本人に「カミ」という言葉で説明することはありませんでした。結局、日本語にはそれをあらわす言葉がないということで、原語を音写した「デウス」が用いられました。

キリスト教の神を「神」と表記するようになったのは明治以降で、聖書を日本語に訳す際に、すでに存在していた中国語訳が参照され、そこで「神」の字が用いられていたためです。

古代や中世の文献には、神であるか試みる物語（河の神がいけにえを要求し、一人は泣く泣く川にはいったが、もう一人は腰につけていたひょうたん（中をくりぬいて液体を入れるのに用いた）を川に投げ入れ、これを沈めることができたなら、言うことに従うが、それができないなら、死ぬのは嫌だと言い、沈まなかったため、命が助かった）、神としてまつることを要求する物語（山から大猿が降りてきて、神とまつることを要求した）などがありますが、それは神であるかどうかは人によって違ってくることを前提としています。このような神の性格は、後で触れる、なぜ古代の日本人が仏教を必要としたかということともかかわってきます。

†「当たり前」は「当たり前」でない――現代の私たちと日本の神

現代の私たちは、これまで紹介してきたことを学ぶ機会がなく、知りませんが、それでもさほど問題があるようには見えません。日本人同士なら、自覚していなくても「当たり前」で問題なさそうです。それはちょうど、表層的には文法というと主語‐述語ということが頭に浮かんでも、実際にはそれとはまったく別の係り結びで文を読み書きしているようなものです。

しかし文化や背景となる宗教が異なれば、「当たり前」は異なってきます。「当たり前」

は「当たり前」ではないのです。それは異なる文化背景の人と接するときに問題になります。

。ベネディクト『菊と刀』

戦後、アメリカ人の人類学者ルース・ベネディクト（一八八七〜一九四八）が書いた日本人論『菊と刀』がベストセラーになりました。そのもとになったのは、アメリカ軍の情報局が依頼した研究でした。

第一次世界大戦は「世界大戦」といっても、実際にはヨーロッパの国同士の戦いが中心でした。そこではお互いの「当たり前」は似通っていて、見当がつきます。しかし、第二次世界大戦では、日本とアメリカという、文化背景のまったく異なる国が近代兵器を用いて全面的に衝突しました。

たとえば、あるところに日本軍がたてこもっていたとして、半分損害を与えれば降伏するのか、三分の二なのか、（これは日本が当時宣伝していたことですが）日本軍は最後の一兵になるまで戦うのか、それによって、どのくらいの弾薬が必要か、攻略にどのくらい時間がかかるのかが変わってきます。異種格闘技のようなもので、相手のルールを知っていなければ、戦いにならないのです。

それでアメリカ軍は、ベネディクトに研究を依頼し、ベネディクトは日本の新聞や雑誌、当時敵性国民として収容所に入れられていた日系人に聞き取りをするなどして、研究をおこないました。それをもとに日本人とアメリカ人の「当たり前」の違いをしるした『菊と刀』が出版されました。

◦フロイス『ヨーロッパ文化と日本文化』

同様のことは、安土桃山時代にキリスト教が伝わった時にもおこりました。日本を訪れた宣教師ルイス・フロイス（一五三二〜一五九七）は、当時のヨーロッパ人と日本の習慣の違いについて、本国に書き送っています。それは『ヨーロッパ文化と日本文化』という題で岩波文庫に収録されています。

◦子育て

そこで指摘されていることのひとつに、子育ての違いがあります。当時のヨーロッパでは幼子は襁褓《むつき》で包まれ（古い聖母子像で、幼子イエスが布でぐるぐる巻きにされているのが、

襁褓にくるまれた幼子イエス

それです)、手足を自由に動かすことはできません。それに対して日本では、生まれてすぐに着物を着せられ、手を自由に動かすことができることが指摘されています。また、ヨーロッパでは鞭で打って息子を罰するのに対し、日本では滅多におこなわれないとも指摘されています。これを、当時のヨーロッパと比べて、日本では子供が大切にされ、自由が認められていた、と単純に捉えることはできません。同時にフロイスは、かなりショッキングな指摘もおこなっています。

「ヨーロッパでは嬰児《えいじ》が生まれてから殺されるということは滅多に、というよりほとんど全くない。日本の女性は、育てていくことができないと思うと、みんな喉の上に足をのせて殺してしまう。」

このことは、別な資料からも裏づけられています。柳田国男が茨城県の寺院で見た絵馬には、若い母親が生んだ子供を殺すところが描かれ、障子に映ったシルエットにはその母親の頭に角が生えていました（『故郷七十年』）。これは、文字の読めない民衆に子殺しの恐ろしさ、鬼のするような行為であることを教えるためのものと考えられています。

さまざまな生活習慣はその国の宗教から生まれており、その違いは生み出すもととなった宗教の違いに由来します。ヨーロッパでは秩序の源に神がいます。すべては神がお作りになったのですが、意味もなく手足をバタバタさせる赤ん坊や親のいうことをきかない子供は、神の秩序に従わない、野生動物や異教徒のような存在です。ですので自由を奪ったり、動物を調教するように鞭でたたかれます。それに対し、日本では秩序の外から神がやってきますから、赤ん坊が泣いたり手足をバタバタさせたり、子供がすこしくらい言うことをきかなくても、「おーよしよし」と、ご機嫌がとられます。日本のことわざでは「七歳までは神のうち」、生まれてあまり年月の経っていない子供は、あの世からやってきたナマハゲ扱いなのです。しかし、生活が苦しいなど、育てていくことができない場合は、あの世にお帰りいただくことになります。実際、それは子殺しとは言わず、「子返し」と呼ばれていました。

。着物

着る物の違いについても、次のような指摘があります。

「(男子の服について)われわれの衣服は身体にぴったり合い窮屈である。日本の衣服はきわめて緩やかなので、容易にそして恥ずることなく、すぐに帯から上、裸になる。」「ヨーロッパの女性は、その袖が手首にまで達する。日本の女性は、腕の半ばまで達する。そして胸や腕を露出することを不面目のこととは思わない。」「ヨーロッパの女性は帯をきわめてきつく締める。日本の高貴の女性は大そう緩くしめるので、いつも垂れ下がる。」

おそらく着物を着たことのある人の多くは、これは反対だ、着物はきつく苦しい、洋服は楽だ、と思うでしょう。これは、ひとつには、日本人の普段の生活で和服を着ることがほとんどなくなり、着付けが大きく変化したことがあります。フロイスの時代よりは少し下りますが、江戸時代の浮世絵に描かれた女性を見ると、着物をゆったりと着こなしています。

もうひとつは洋服の構造の変化で、それには日本の着物の影響がありました。ヨーロッパの考えでは、裸は自然状態で、恥ずべきもので、覆い隠されるべきものでした。裸を布で覆い隠すことが洋服の基本発想で、体型に合わせて布を裁断し、縫い合わせて服が作られます。特に女性については、産むという、より自然に近い機能をもつため、厳しく律する必要があると考えられていました。当時の女性の服装は、コルセットで胴を締めあげる、とても窮屈なものでした。そのような洋服の構造を変えるきっかけになったのが、日本の着物でした。

ゆったり着物を着こなす浮世絵の女性

明治維新の直前の一八六七年に開かれたパリの万国博覧会に、すでに開国をおこなっていた幕府が使節を派遣して話題となり、日本文化ブームがおこりました。その際、華麗な装飾がほどこされ、肩ではおる陣羽織が注目され、まず、ファッション

フランスの画家ティソが描いた徳川昭武肖像（徳川ミュージアム）

の世界に取り入れられました（キモノ・コート）。当時、女性の社会進出がおこり、肩ではおるキモノ・コートの発想を取り入れて、コルセットから女性を解放する、新しい時代の服がデザインされました。それをおこなったのが、ココ・シャネルというデザイナーです（深井晃子『ジャポニズム・イン・ファッション』平凡社）。

◦食べ物

個人の好き嫌いとは別に、何を食べることのできるものと見るかについても、文化や宗教によって大きく異なります。フロイスは、ヨーロッパ人は煮た魚、焼いた魚を好むが、日本人は生の魚をより好むこと、ヨーロッパ人は牛や鶏を食べるが、日本人は牛や鶏を飼っているのにそれを食べず、野犬や鶴、大猿、猫、生の海藻などを喜び、家庭薬として犬を食べると指摘しています。

これは、日本人にとって食べるという行為が自然の力を取り入れることであることを意味しています。人間の世界の外から神を招き、もてなすように、自然から切り離された人間が、自然の力を取り入れて生命力を回復するのが、食事の目的なのです。日本人も魚を煮たり焼いたりすることもありますが、現代でも生の刺身が御馳走というイメージはあります。それに対し、ヨーロッパ人にとっては、自然状態のままではなく、ちょうど動物や言うことを聞かない子供を鞭で調教するように、焼いたり煮たり加工することで、食べるのにふさわしいものとなります。ですので、ヨーロッパ人にとって、飼い慣らされている牛や鶏は、食べるのにふさわしいもので、なぜ日本人が牛や鶏を飼っているにもかかわらず食べないのかは、理解しがたいことだったでしょう。現代の私たちはもちろん、野犬や鶴や大猿や猫を食べませんが、これは「薬食い」といって、野生動物を食べることがあったことを意味しています。

現代の私たちは牛も鶏も食べますが、それは明治になって西洋の習慣がはいったもので、「牛鍋《ぎゅうなべ》」は文明開化の象徴でした。

そのような何が食べるのにふさわしいものかということをよく示しているのが、フロイスの指摘している「生の海藻」です。冬は草は枯れ、木は葉を落とし、生命力が衰えたようになります。春になると、草や木の芽が芽吹き、自然は生命力を取り戻したように感じます。その生命力を体に取り込むのが、山菜を食べることです。かつては貴族の行事として、山菜を取って食べる若菜摘みがあり、そのような習慣は現代でも、正月に春の七草を食べることなどに残っています。野原の若菜に対応するのが、海のワカメです。関門海峡では、新しい年を迎える際に神主が磯に下って海藻を取ってきて神前に供える「和布刈《めかり》神事」が今も続いています。

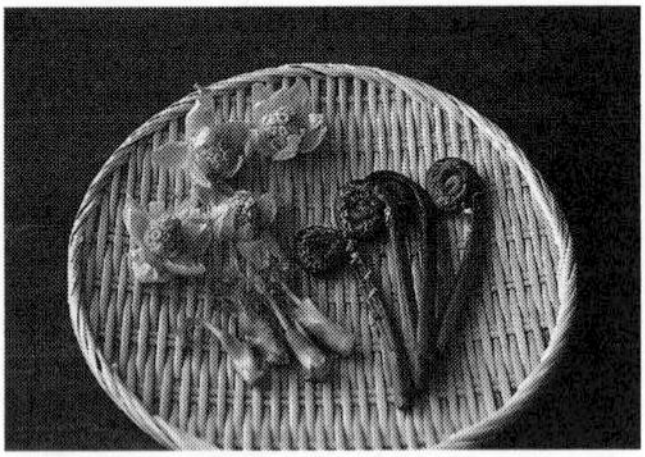

山菜

。飲酒

お酒を飲むことについては、次のような指摘があります。

「われわれの間では誰も自分の欲する以上に酒を飲まず、人からしつこくすすめられることもない。日本では非常にしつこくすすめ合うので、あるものは嘔吐し、また他のものは酔払う。」
「われわれの間では酒を飲んで前後不覚に陥ることは大きな恥辱であり、不名誉である。日本ではそれを誇りとして語り、「殿 Tono はいかがなされた。」と尋ねると、「酔払ったのだ。」と答える。」

ヨーロッパ人もお酒を飲みますが、それは個人の嗜みであって、人前で前後不覚になるまで酔うことは、異教徒や動物化することで、恥ずべきことでした。それに対して日本では、人間世界の外から神を迎え入れ、収穫されたお米を炊いたり発酵させてお酒をつくり、神に捧げて自分たちも一緒に飲み食べるのが、まつりです。徐々に変わりつつあるようにも思いますが、大学のサークルや会社で、仲間や同僚と一緒にお酒を飲むことをおこなうのは、同じ神をまつるものとしての一体感の確認です。

◦他の家への訪問

フロイスは、他の家を訪れる際の違いについても指摘しています。

「われわれの間では招待を受けたものが招待したものに礼を述べる。日本では招待したものが招待されたものに礼を述べる。」
「われわれの間では人を訪れる者は何も持って行かないのがふつうである。日本では訪問の時、たいていいつも何か携えて行かなければならない。」
「われわれの間では人が贈物として持ってきた物は、その同じ人にこれを勧めることはできない。日本では親愛のしるしとして、贈った人とそれを受けた人とが、すぐにその場で試食しなければならない。」

最初の指摘は、ヨーロッパでは主(ホスト)が中心なので、招かれたものは「招待してくださりありがとうございます」と言う。それに対して日本では中心であるのは客のほうで、主人が「おいで下さりありがとうございます」と言うということです。これは日本においては、客が人間世界を訪れる神の側、主がそれをおまつりする側に相当するためです。茶道において、お茶をたてるのが主、それを飲むのが客です。

贈物をめぐる内容も、これが「手土産《てみやげ》」のことを言っているのだ、とわかれば、日本人であれば、なるほど！　と納得すると思います。

客は神の側ですから、何か力をもたらす必要があります。それが手土産です。「日本では親愛のしるしとして、贈った人とそれを受けた人とが、すぐにその場で試食しなければならない」というのは、とても奇妙な習慣のように見えますが、私たちは友達の家に遊びに行くとき、手ぶらでは、と手土産としてケーキを持っていき、そうしたら、その友達は「ありがとう」と受け取って後で自分ひとりで食べるのではなく、「じゃあ、紅茶をいれるから一緒に食べましょう」ということになるでしょう。プレゼントと考えると、奇妙ですが、私たちは実際にそれをやっています。それは手土産が神のもたらす力で、その力で作ったご飯やお酒を神に捧げ、神と共にいただくのがまつりだからです。

もちろん時代の変化で変わったところもありますが、現代の私たちの間でも、安土桃山時代におこなわれていた考え方の多くが、今でも続いていることがわかります。普段、和服を着ることなどまずない、ベッドと机と椅子の生活の人が多くなっていると考えるなら、この連続性は驚くべきことではないでしょうか。

もちろん、私たちはここで説明したようなことを考えて、これはまつりだから、とか私は神の役だから、といちいち考えて行動しているわけではありません。「当たり前」のこととして行動しているだけです。しかし、文化が違えば「当たり前」は違うのであり、その違いは、その文化を生み出した宗教の違いに由来します。無意識である分、その影響力は大きいといえるかもしれません。

†サンタクロースは何者か？

最後に、本書の冒頭で触れた、なぜ日本ではクリスチャンの数は増えないのに、クリスマスは定着したのか、ということに答えておこうと思います。

日本では救い主の誕生を祝うというより、イブにサンタクロースがプレゼントを持ってくる日として広まっているわけですが、サンタクロースとは何者かというと、聖ニコラウスというカトリックの聖人です。異郷の神々をキリスト教に改宗させた聖人とされています。

オーストリアの山中などに残るその古い行事を見ると、聖ニコラウスがそりに乗り、改宗させた角の生えた恐ろしい異教の神々を従えて家々を回り、子供が親のいうことを聞かない、などの場合は、その神々が子供をおどす、というものです。

キリスト教が伝わる以前、ヨーロッパには恐ろしい神々が家々を訪れて子供をおどす、日本のナマハゲによく似たまつりが存在し、家々を回るサンタクロースは、それをキリスト教が取り込んだものなのです。日本と比べると、悪魔などネガティブで抑圧されたものとして捉えられる傾向がありますが、ヨーロッパの伝統行事やカトリックの儀礼には、キリスト教以前のヨーロッパの宗教を取り入れた要素がみられます。

多くの日本人は、日本の神々のまつりの古い形がナマハゲのようなものであることも、それによく似たヨーロッパの行事をキリスト教が取り込んだのがサンタクロースであることも知りませんが、私たちのなかで無意識的にその信仰は生きていて、それに合致するのでサンタクロースを受け入れているのです。

恐ろしいクランプスを従えた聖ニコラウス

それがサンタクロースは定着したのに、キリスト教徒の割合は国民の約一パーセントである理由なのだと思います。

2 柳田国男と折口信夫――二人の関心の違い

†柳田国男と折口信夫の対立・相違点

初期の柳田は、神隠しのような突発的な出来事への強い関心もあり、それは遠野で語られていた不思議な出来事をまとめた『遠野物語《とおのものがたり》』に結実しています。しかし、研究の進展のなかで、柳田の関心は彼が「常民《じょうみん》」と呼ぶ、文字に記されない毎年毎年の変わらぬ生活の繰り返しに限定されるようになっていきました。初期の柳田に共鳴して民俗学の運動に参加し、次第に不満を強めていった存在として、折口信夫（一八八七〜一九五三）がいます。

二人の間には、ナマハゲのような古い神のあり方の説明づけ、研究対象、方法論など、さまざまな相違・対立点がありました。互いに不満をつのらせていったのだと思いますが、それが表面化したのが、二人が参加して、連続しておこなわれた二つの座談会「日本人の神と霊魂の観念そのほか」と「民俗学から民族学へ」においてでした（『柳田國男対談集』

ちくま学芸文庫)。

前者では司会の石田英一郎が、当時話題だった騎馬民族征服説に対する意見を柳田と折口に求めるところから始まり、途中から固有信仰をめぐる議論に移り、柳田が「意見が違うからふれずにおいてもいいが、いい機会だから、あなたがマレビトということに到達した道筋みたいなものを、考えてみようじゃありませんか」と水を向けます。

折口信夫

要約すると、ナマハゲのようなものを日本の神とまつりの最も古い形と考えることは同じですが、柳田がそれを「祖霊」、祖先の霊が子孫を訪れるものと考えるのに対し、折口はそれを客人を意味する古語を用いて「まれびと」と呼び、祖先の霊と説明されることもあるが必ずしもそうではなく、また毎年やってくる場合もあるが必ずしもそうとは限らないと考えている、という違いがあります。

折口「私の昔の考えでは、おなじマレビトといいましても、ああいうふうに琉球的なものばかりでなく、時をきめずにさすらいながら来るものがあったようですね。」

石田「折口先生、マレビトの中には祖霊とか祖先神とかいう観念は含まれておりましょうか。」

折口「それはいちばん整頓した形で、最初とも途中とも決定できませんが、日本人は第一次と見たいでしょうな——。常世国《とこよのくに》なる死の島、常世の国に集まるのが、祖先の霊魂で、そこにいけば、男と女と、各一種類の霊魂に帰してしまい、簡単になってしまう。それが個々の家の祖先というようなことでなく、単に村の祖先として戻ってくる。……私はどこまでも、マレビト一つ一つに個性ある祖先を眺めません。」

別の相違点としては、二人の方法論の違いがあります。柳田は折口の研究が「本体を認めるということから出発しないと後がつづいてこない」ものだと評し、それに対して自分の研究は「現在するものからやっていこうとする」ものであると述べています。柳田にも原型を求めたい思いがないわけではありませんが、現在残る習俗の事例を集めてそれを分析することから元の姿を探っていくという方法をとるのに対して、折口の場合は原型を直感的にそれを摑み、そこからの展開として今ある事例や古典作品を見るという方法をとっているというのです。この二人の違いは、続く座談会「民俗学から民族学へ」で、柳田によってさらに詳しく説明されています。

柳田　「折口君がやっている方法と私のやっている方法とが違う。私のほうはあるいは廻りくどすぎたかもしれないが、日本の国土がこういうふうに、非常に地形の差、したがって開発段階が細かに分れる国であるということを利用したわけです。ですからすべて全国に共通していながら、少しずつ程度の違ったいくつかの生活事相を並べて、その間にこれとこれとが、どっちが早くはじまったか、最初は実は同じものだったのが、分岐してこうなっただろうということを証明しなければならない。その次にこのほうが古くてこのほうが新しい、ということを、あらゆる方法をつくしてきめようとする。……前代の記録と照らし合わせて、少しも矛盾を感じないいくつかのものを並べ比べて、一応はその中に隠れているものと推定して、だんだんに古い形に近づいて行こうとするのである。」

柳田「この人を前においていうのも失礼だが、折口君の場合はわれわれの読み方とは違う。読むときに本を二重に読んでいる。ノートにとらないけれども二つの入口から本の内容が入っている。ぼくらはかえって抄録をするので、注意がやや片よるきらいがある。それを折口君はいっぺんよむと無意識に直覚と一致させている。……自分などは、折口君がそれを盛んにやられるから、いくぶんかその逆を行こうとする姿があるかもしれない。」

柳田が「本を二重に読んでいる」と評する折口の方法について、折口自身は「発生学」と呼んでいます。柳田の研究対象が、文字に記されない民俗的な事例で、芸能であれば民俗芸能に限られるのに対し、折口は『万葉集』や『源氏物語』のような文字で書かれた文芸、説経節や古典芸能の能、人形浄瑠璃など、プロの芸能も対象にします。しかし、それはすでに出来上がったものとして研究対象にするのではなく、それがどう成立したのか、という観点から捉え、論じているのです。折口の主著の『古代研究』の「古代」は、歴史区分としての古代ではなく、そのような発生の場のことです。出来上がったものを読みながら、それを反対側のどうやってできてきたかという方向からも考えているので、柳田は折口のことを「本を二重に読んでいる」と評したのです。

　柳田と折口の相違・対立点をまとめると、次のようになります。

	柳田	**折口**
関心	「常民」	「ごろつき」
神の原像	「祖霊」	「まれびと」
研究対象	非文字	『万葉集』『源氏物語』などの書かれた文芸やプロの芸能を含む
方法論	帰納的	演繹的（「本を二重に読んでいる」）

　柳田が明らかにしようとしたのが、柳田が「常民」と呼んだ、文字に記されない毎年毎年の変わらない人々の暮らしだったのに対して、折口の関心はそういう暮らしのあり方からはみ出してしまうような人々にありました（折口は「ごろつき」などと呼んでいます）。

　柳田がナマハゲのような存在を「祖霊」、毎年子孫の許に帰る祖先の霊と考えたのに対し、折口は客人を意味する古語である「まれびと」と呼び、外部から訪れる存在であることに注目しました。

折口信夫の歌の発生についての議論――信仰起源説

折口の方法が生きたものとして、歌の発生についての議論があります。当時、歌の感情起源説が有力でした。「とても悲しい」「あなたが恋しい」、強い感情が言葉に抑揚を生み、歌となったというのです。

しかし、折口はそれを、ありえないと否定します。その理由は次のようなものです。最古の和歌集である『万葉集』で、すでに歌が高度な発達を遂げていて、様式化も進んでいる。そのことは、文字に記すことがなかった時代に、長い歌の発達の歴史があったことを示唆している。しかし、もし歌が感情表現だとしたら、それは基本的にその場限りのものになり、歌の発達をもたらさない。文字の無い時代に歌の発達がおこるためには、歌われた歌が世代を超えて受け継がれていく必要があり、それは歌が宗教的なものから生まれたからだ、そう折口は考えます。

折口の考えた『万葉集』に至る歌の発達の歴史は、次のようなものです。

「神の独り言」
←
神と人のコミュニケーションの手段
←　　　　　　　　←
死者と生者の〜　　男女の〜
（文字化）←　　　←
挽歌　　　　　　　相聞歌

『万葉集』では、歌が基本的に挽歌《ばんか》・相聞歌《そうもんか》・雑歌《ぞうか》に分類されています。雑歌とは、ノンジャンルの歌ということで（「雑誌」「雑種」のように、「雑」にはいろいろな、という意味があります）、特定ジャンルとしては挽歌と相聞歌になります。挽歌は文字としては棺桶を挽《ひ》く時の歌という意味で、そこには人が死ぬ時によむ辞世の歌と、家族や恋人などが死者を想ってよむ歌が含まれています。相聞歌は、直接にはやりとりの歌という意味で、その大半は男女の恋の歌です。

折口は柳田のように裏づけとなる民俗学的な事例をあまりあげないため、詩人的直感による論と思われがちですが、その背景には膨大な古典と民俗学的な事例の知識があります。ここでは、それをいくらか補いながら、折口の論を紹介したいと思います。

折口はそこに至るプロセスを次のように推測します。歌のはじまりは「神の独言《ひとりごと》」、神が人に憑依《ひょうい》して、その地を訪れるまでの来歴を語るものです（折口は形式としては長歌《ちょうか》をより古いものと考えていました）。人にのりうつっての言葉なので、そこには繰り返しや、意味のよくわからないところや、抑揚があり、それが歌になっていきました。まつりの場で、神が演じられ、演じ手によって神の言葉として歌われ、世代を超えて受け継がれていきました。

最初は、そうやって神が一方的に長々と語っていたのですが、神に何か尋ねたいことがある場合、人は神の表現である歌を使って神に尋ね、神も歌でそれに答える、ということがおこなわれるようになりました。その場合、神の答えは短いものであることが多く、ここに短歌のやりとりが生まれました。

おみくじを引く時、人は大吉とか末吉、凶などという言葉に注目しがちですが、よく見ると上のほうに何か書いてあります。それは引いた人の問いに対する神の答えが歌で示されたもので、健康に注意、とか、失せもの出ず、とか、旅行は西北が吉というのは、その神のメッセージである歌の解説です。

それが、死者と生者、男女のコミュニケーションの手段として使われるようになっていきました。後でまた触れますが、お盆は仏教行事とされていますが、柳田はナマハゲのように死者の霊が毎年子孫の許を訪れる、仏教以前の死者のまつりを仏教が取り込んだものだと考えています。ですので、神と人のコミュニケーションの手段が死者と生者の間で用いられることになっていったことは、理解しやすいです。

埴輪「琴を弾く男子」（東京国立博物館）

現在は、ほとんど失われてしまいましたが、かつて東北には、イタコと呼ばれる、死者のメッセージを伝える存在がいました。それは、死者のメッセージを歌うように伝えるものでした。その古い形は、イタコが弓の弦を棒で叩き、死者の霊を呼び出してのメッセージを歌として伝えるもので、それは古代や中世の文献に出てくる、巫女が使う梓弓《あずさゆみ》と呼ばれるものです。

現代でもそうですが、歌にしばしば楽器の演奏が伴うのも、歌の宗教性に関連していま す。音を鳴らすことは、神や霊的なものを呼びよせる、と考えられていました。神社で鈴を鳴らしたり、柏手《かしわで》を打つのも、その例です。宮中神楽《かぐら》などでは、琴をかき鳴らすと、神が憑依《ひょうい》してその場にあらわれます。古代の豪族の墓に立てられた埴輪《はにわ》には、巫者《ふしゃ》が琴や太鼓を持つものがあります。古典芸能の能の『清経《きよつね》』という作品の小書《こがき》(特殊演出)には、舞台に平清経の霊が登場し、笛方が笛を吹くのをやめると、霊が歩みをとめ、また吹き始めると霊も歩き出す、ということを繰り返すものがあります。これらは、楽器を鳴らすことが神や霊を呼び出すものであることを示しています。

「夜、口笛を吹いてはいけない」と叱られたことがある人がいるかもしれません。「蛇が来るから」というのですが、この蛇とは、爬虫類の蛇ではなく、蛇神のことです。夜という霊的なものが活発になる時間に、口笛を吹くと、その音で霊的なものが呼びよせられるというのです。このように、古代からの信仰は見えない形で現代まで受け継がれています。

†昔話に「昔」の社会を探る——男の仕事・女の仕事

神と人のコミュニケーションの手段が、男女の恋に用いられるようになることを説明するためには、今とは違う「昔」の社会のあり方について知っておく必要があります。漠然と「昔」といったのは、かなり早い段階で失われてしまうものも、比較的最近まで残っていたものもあり、何時代とか、何世紀頃ということができないからです。

今とは違う「昔」の社会の手がかりとなるのが、昔話です。『桃太郎』の昔話はご存じだと思います。そこでは、今の社会ではありえないようなことが語られています。

◦桃太郎

『桃太郎』は、「昔々、おじいさんとおばあさんがいました。おじいさんは山に柴刈りに、お婆さんは川に洗濯に行きました」というところから始まります。現代なら、子供もいない老夫婦ですから、ある日はおじいさんとおばあさんは一緒に山に柴刈り（燃料となる小枝を取ることです）に行き、別の日は二人一緒に川に洗濯に行くということになるのではないでしょうか。

そうしないのは、別におじいさんとおばあさんの夫婦仲が悪かったからではなく、一緒に行動できない理由があったからなのです。

「昔」の社会においては、男女の仕事が分かれていました。山の仕事が男の仕事、水の仕事が女の仕事でした。ですので、山の仕事である柴刈りにおばあさんは参加できず、水の仕事である洗濯におじいさんは参加できなかったのです。

◦鶴女房

同様なことは、他の昔話にも見ることができます。昔話『鶴女房』は、それをもとに木下順二の戯曲『夕鶴』が作られ、よく知られています。心はよいのですが貧しい男が罠にかかって苦しんでいる鶴を見つけ、放してやります。数日すると、男の家の戸を誰かが叩き、開けてみると見たことのない美しい女性がいて、奥さんにしてください、と言い、二人は一緒に暮らしはじめます。

『鶴女房』

ここも「昔」の社会の特徴のひとつで、今だったら、どんなに美女や美男だろうと、知らない人がやってきて、結婚したいと言ったら、普通、警察に通報することになるでしょう。

妻は見たこともない美しい布を織り、貧しかった若者はそれを売って暮らしが豊かになっていったのですが、妻は自分が機織《はたお》りをするところを絶対に見ないでください、と言います。約束を破り、ある日こっそり覗くと、妻は鶴であって、自分の羽を抜いて、それを使って織物を織っていました。正体を知られたからにはもう一緒に暮らすことはできない、と鶴は飛んで行ってしまいました。

誰もが知っている話ですが、この機織りも、男が参加することのできない水の仕事のひとつです。機織りに水は使いませんが、この世とあの世の境となっているのが川や沼や海である場合、神は裸で出現することになります。巫女《みこ》は水辺で機織りをして、神に着せるための着物を織り、それが七夕の行事の由来のひとつとなっています。ですので、水は使いませんが、機織りも水の仕事とされているのです。伊勢神宮では現在も、巫女が神のために機織りをすることがおこなわれています。

。鮭女房

秋田県で採集された類話に『鮭女房』があります。貧しい若者が川の浅瀬に打ち上げられている鮭を見てかわいそうに思って川に放してあげ、……以下『鶴女房』と同じ展開が続きます。妻は料理が上手で、食べたこともないおいしい料理を作ってくれるのですが、絶対に食事を作るところを見ないでくれ、と言います。約束を破りこっそり覗くと、妻は鮭で、卵を産んでそれを使って料理を作っていました（イクラ料理ですね）。正体を知られたからにはもう一緒に暮らすことはできないと、鮭は川に帰ってしまいました。ここでも、炊事は水の仕事で、男は参加することも見ることもできないことが前提とされています。

◦『古事記』の豊玉姫

『古事記』や『日本書紀』にも、このような物語を見ることができます。それは天皇家の先祖の物語です。山幸《やまさち》・海幸《うみさち》という兄弟がいて、山幸は山で狩りをし、海幸は海で釣りをして暮らしていました。ある日、山幸が仕事を交換しようと、海幸から釣り道具を借りて、海で釣りをしたのですが、魚に釣り針を取られてしまいました。山幸は謝り、代わりの釣り針を作って返そうとしたのですが、海幸は、自分が貸したあの釣り針を返せ、と言います。困っていると、海辺で不思議なおじいさんに出会い、そのアドバイスで、海の神の宮殿に行くことができました。そこで取られた釣り針を取り戻すことができ、海の神のアドバイスで、海の干満をコントロールする潮満《しおみ》つ玉と潮干《ひ》る玉を授かって地上に帰ってきます。釣り針を返しても満足せず攻めてきた海幸を、山幸は潮満つ玉と潮干る玉を使って降参させました。その後日談が、男の仕事・女の仕事と関係しています。

山幸は、海の神の宮殿を訪れた際に、海の神の娘（豊玉《とよたま》姫）と恋に落ちました。豊玉姫は妊娠し、出産する際に、自分が出産するところは見ないでくれ、と言います。約束を破り、海辺に立てられた産屋《うぶや》（出産するための小屋）を覗いたところ、妻と思っていたのはワニ（現在のサメのことです）で、正体を知られたからには一緒に暮らすことはできないと、豊玉姫は産まれた子供を波打ち際に残し、海に帰ってしまいました。その赤ん坊が、初代天皇である神武天皇になったと、『古事記』『日本書紀』はしるします。

出産は、生物学的に現在でも女性しかできませんが、産湯を使うのは、生まれてきた赤ん坊を水の中からこの世にあらわれた神として扱うためだ、と折口は論じています（「水の女」）。出産も水の仕事なのです。

。高度経済成長期のトンネル工事

このような性別で仕事を分けることは、早い段階でなくなったものも、比較的最近まで残っていたものもあります。後者の例が、トンネル工事でした。戦後の高度経済成長期、高速道路や新幹線の建設で、あちこちでトンネル工事がおこなわれました。男の記者が取材に行くと、工事中のトンネル内に入れてもらえるのに、女の記者が行くと、女だから駄目だ、と入れて貰えず、女性差別だ、と問題になったのですが、これは性別による仕事の区別が最近まで残っていた例です。機械は使っていましたが、当時は人がトンネル内にはいって工事をおこなっていて、地盤の弱いところや地下水のたまっているところを掘ると、落盤事故がおこり、何人もの命が失われました。そのような危険があるために、古い宗教性を残していたのだと思います。

◦「昔」の社会における男女の出会い

このような「昔」の社会では、男女が別々に仕事をしていたため、出会いのチャンスがありません。おまけに、職業集団はその職業の神をまつっていることが多く、男性集団・女性集団がそのまま職業の神をまつる宗教集団でもありました。異性と仲良くすることは、裏切りや、宗教集団の秘密を漏らすことと捉えられかねません。

そこで「昔」の人がおこなったのが、自分は人間の男性や女性とつきあっているのではなく、相手は神で、それにおつかえしているのだ、という理屈でした。女性の職業集団は男の神、男性の職業集団は女の神をまつっていたからです。男と女が一対一でおこなうのを「よばい」、集団でおこなうのを歌垣《うたがき》といいました。

前者は、霊的なものの活動の活発な夜に相手のもとを訪れ、夜が明ける前に帰るものでした。

中国の少数民族の歌垣によく似た行事

後者は、男の集団と女の集団が合同でまつりをおこない、歌で相手を見つけるものでした。『常陸国風土記』には、筑波山で歌垣がおこなわれ、関東地方全域から人が集まっていたことがしるされています。折口は実際は村祭り程度の規模のものだと考えていますが、中国西南部の少数民族などでは、古代の文献に出てくる歌垣に似た行事が今もおこなわれており、二万人規模のものもある（香炉山の爬坂祭）ので、『常陸国風土記』の記述もあながち誇張ではないと思います。

相手は神だという建前なので、人間の言葉で思いを語ることはできず、神とのコミュニケーションの手段である歌を用いる必要がありました。基本的に知らない相手と歌を通じて結ばれるので、歌のよしあしの評価ができなければ、ろくでもない相手に騙されたり、逆に歌がうまければうまいほど、相手に恵まれるので、当時の人にとって歌がうまいということは、きわめて重要でした。

†歌の発達と歌垣

折口信夫は、歌の技巧の発達に大きな役割を果たしたのは、後者の歌垣だと述べています。最初は集団同士で歌をかけあうので、自分としては「この程度でいいな」と思っても、安易にオーケーしたら、後で同性から陰口を言われます。突っぱねると、同性の間で評価が高まり、異性からも、では自分がトライしようと、挑まれるようになります。突っぱねれば突っぱねるほど、同性からも異性からも高く評価されるようになったので、折口は女歌はきわめて薄情なものになったと述べています。

「女歌は、男歌に対する抗弁であるから、信仰の衰えた時代になっても、女の歌は、自分は澄ましながら、相手の男を手酷《てひど》く言ひ込めるという方面の才気を、極度に発達させているのである。」(「上世日本の文学」)

歌を用いた男女の恋が男女の競い合いのようなものになっていったことは、絶世の美女とされる小野小町の造形(絶世の美女だったが、誰の求婚をも突っぱね、誰とも結ばれることなく、晩年は乞食となって流浪し、野垂れ死にしたとされる)や、『竹取物語』のかぐや姫(後述)を考えるうえで欠かすことができません。歌垣が男女の歌の競い合いに変質したものが、歌合戦です。大みそかのNHK紅白歌合戦は、ここから来ています。

†柳田国男の問題関心

柳田国男が文字で書かれたものを研究の対象外としたのは、文字で書かれたものに対する強い不信感があります。私たちは普通、奈良時代や室町時代の歴史というと、奈良時代や室町時代の記録に書かれた出来事を思い浮かべますが、実際にはそれは特殊なできごとだから文字で記録されたのであって、普段の変わらぬ出来事は、文字にされることはありません。だから、文字で書かれたもので歴史を考えることは大きく実際とずれる、と柳田は考えました。

私たちは日本の神話と聞くと、『古事記』や『日本書紀』の神々の物語を思い浮かべますが、柳田はそれをきっぱり否定します。神話はその神々を信じる者にとって大切なものであり、それを信仰の外の人も読むことのできる文字にするわけがないというのです。これは、戦前の『古事記』などの記述を歴史的事実として教えることが強制されていた時代の発言としては、かなり大胆で、覚悟のいることだったと思います。

「……神話は本来口伝えのものであった。人が文字を知りこれをもって言葉を表現し始めたよりも、はるか以前から行なわれていたものだったということ、それから今ひとつは信ずる人の言葉であって、神に仕うる者のみがもとは管理していたということ、これなども多分外国の研究者の、すでに一致しているところだろうと思う。そうなると神話が文学でないことは論をまたず、さらに文学に近い形をもって、これを書き伝えた記録を、神話といったことが正しかったかどうか。それさえ問題になるのである。

……誰でも知っているように、わが邦最古の記録ができたのは、いわゆる神話時代を過ぎて、千年も後のことである。よしや大昔の神話であることが確かとしても、久しい間の伝承があり、また編纂者の取捨があった。それを後世の者が信ずるのと、以前に家々でこれを信じていたのとは、信ずるという言葉は一つでも、心持ちはまるで異なるのである。」(『口承文芸史考』)

柳田は口承の昔話や伝統的な子供の遊びに、口伝えで継承された本来の神話やまつりの名残りを探りました(『妹《いも》の力』『桃太郎の誕生』)。

まったく別の観点から、和辻哲郎《わつじてつろう》も『古事記』『日本書紀』の中心的な神々の特殊性を指摘しています。普通、神はまつられる存在ですが、アマテラスは神々の世界で神をまつる役割を果たしており、和辻は「祀《まつ》る神」と名づけています(『尊皇《そんのう》思想とその伝統』『日本倫理思想史』)。

柳田の問題関心と方法が生きたものとして、柳田にとっての同時代史である日本の近代化を、政治的事件ではなく日常生活の変化で描いた『明治大正史 世相篇』があります。

柳田と折口の違いは、二人が関心を持ち、明らかにしようとした文化のレベルの違いにあります。実際には毎年毎年の変わらぬ繰り返しもあり、そこからはみだしてしまう存在もあります。

ですので、二人の違いが関心のある文化のレベルの違いであることを押さえるなら、どちらかをとってどちらかを捨てるのではなく、共に生かすことが可能です。

†折口信夫の問題関心――人はなぜ「あの世」を想定するか

折口信夫の一貫した問題意識として、人はなぜ「あの世」を想定するか？ ということがありました。

折口は論文「異郷意識の進展」（およびそれを増補した「妣《はは》が国へ・常世《とこよ》へ」）で次のように説いています。


「全体、人間の持っている文芸は、どういう処に根を据えているかというと、生理的にも、精神的にも、あらゆる制約で、束縛せられている人間の、たとい一歩でもくつろぎたい、一あがきのゆとりでもつけたいという、解脱に対する憧憬が、文芸の原始的動機なのである。

……多くの場合において、のすたるじい（懐郷）とえきぞちずむ（異国趣味）とは兄弟の関係にある。何時如何なる処にも、万物の起原、手近くは、人間の起りに就いて、驚異の心を起さぬ者はないであろう。そこに説明神話が生れて来る。……

われわれの祖先が、この国に移り住む以前にいた故土、即、其地について理想化せられた物語りが父祖の口から伝えられていた、郷土に対する恋慕の心は、強い力を以て、千年、二千年まえの祖々《オヤオヤ》を支配していたばかりでなく、今尚われわれの心に生きている。

数年前、熊野に旅して、真昼の海に突き出た大王个《が》崎の尽端に立った時、私はその波路の果に、わが魂のふるさとがあるのではなかろうか、という心地が募って来て堪えられなかった。これを、単なる詩人的の感傷と思われたくはない。これはあたいずむから来た、のすたるじい（懐郷）であったのだと信じている。」（「異郷意識の進展」）

ここでは民族の移動という歴史的な問題と、今・ここにあることの制約からの解放の希求という心理的な問題を同時に論じようとしているため、論は複雑なものになっていますが、なぜ神が外部から訪れるのかという問題に絞って考えるなら、今・ここにあることからの制約からの解放の希求が、本来自分のあるべき世界としてのあの世を想定した、ということになるでしょう。

今・ここにあることの制約の最たるものが、望むと望まないとにかかわらず死ななければならない、ということで、あの世は人の命を奪う恐ろしい死の世界であると同時に、死んでしまえばもう死ぬという恐怖はないので、永遠の生命の世界としても観念される、二重性を帯びたものになりました。

このようなあの世への問題関心は、最初期の論考から晩年の集大成的な論文「民族史観における他界観念」に至るまで、一貫して見られるものです。

「芸術が超自然・超経験を希《コイネガ》うた如く、愛は個体的区分を解脱する欲求なのだ。ぷらとうの愛を前世に裂かれた他の半身を覓《モト》める努力だというたのは、決して譬喩《ヒユ》や頓才《トンサイ》ではないのである。」(「零時日記(I)」)

「死ぬことは恐ろしい。死んでどこへ行くのだろうか。死んでなくなってしまうのだろうか。恐怖心と他界の考えと、それから永遠の考えとがそこに出てくる。肉体と霊魂との離れることが恐ろしい。……霊魂の存在を認めると、それに対する恐れが起こり、化け物の考え、神の考えが起こる。」(「民間伝承学講義」)

「なぜ人間は、どこまでも我々と対立して生を営む物のある他界を想望し初めたか。其は私どもには解き難い問題なるが故に、宗教の学徒の、将来の才能深い人を予期する必要があるだろう。私などは、智慧も短し、之を釈くには命も長くはなかろう。だが此までの経験から言うと、……人が死ぬるからである。死んで後永世を保つ資格あるものになるからだ。」(「民族史観における他界観念」)

しかし、今・ここにあることの制約からの解放の希求が「あの世」を想定したとして、それこそが自分が本来いるべき世界で、今の自分はあるべき状態にないとして、現実と観念が逆転してしまうと、その人は社会に居場所を失ってしまいます。

昔は、そういう人を「何かに憑《つ》かれた人」と捉えていました。折口は神が憑依して語る言葉を和歌のはじまりと考えています(前出)。

そういう人がまつりの担い手として社会に位置づくこともあったでしょうが、折口からしてみたら、それは二次的なあり方と感じられたのではないかと思います。それが、ナマハゲ的なものを毎年帰ってくる祖霊と捉える柳田とは異なり、外部から訪れるまれびとと捉え、毎年訪れてくるとは限らず、「時をきめずにさすらいながら来るものがあった」(前出)とするゆえんでしょう。

強い思いにとらわれ、社会に居場所を失った人は、流浪します。折口信夫は、旅する宗教家が文芸や芸能の担い手となっていったとして、「唱導《しょうどう》文芸」という捉え方をしています。

社会における居場所を失うほど強烈ではないにせよ、普通の人にも程度の差はあれ、今・ここにあることの制約から解放されたいと思う気持ちはあるため、「憑かれた人」の語りや芸能を享受し、一時の解放感を味わったのでしょう。

†「貴種流離」――物語の源流

折口信夫は、物語の源流として「貴種流離《きしゅりゅうり》」――特別な血筋の者が流浪し苦労すること――を考えています。

『源氏物語』では光源氏が問題をおこし、都にいることができなくなり、数年間、須磨でのわびずまいを強いられます。『伊勢物語』は、歌人の在原業平だという「男」の歌物語ですが、やはり都で問題をおこして東下《あずまくだ》りをし、隅田川まで来て詠んだ歌が記されています。『源氏物語』や『伊勢物語』よりも古く、『源氏物語』のなかで「物語の出来始めの祖《おや》」と紹介されている『竹取物語』では、物語の終わりで、かぐや姫は実は月から来た存在で、月の都で罪を犯してこの世界に追放されていたことが明かされます。
折口がその源流と考えているものとして、『丹後国風土記』逸文「奈具社《なぐ》」の由来や、『古事記』などに説かれている倭姫命《やまとひめのみこと》の流浪があります。
『丹後国風土記』逸文の内容は次のようなものです。

天女たちが降りてきて、天の羽衣《はごろも》を脱いで池で水浴びをしていて、翁はそのひとつを隠した。他の天女は水浴びを終え、羽衣を着て天に帰っていったが、隠された天女だけは天に帰ることができず、困っていると、翁が「困っているのなら、私の家に来なさい」と家に連れて帰った。翁の家は、天女が来たからか、豊かになっていったが、翁も媼も天女につらく当たり、しまいには家から追い出した。天女は「今更天に帰ることはできないのに、ひどい」と流浪しながら恨み言を言い、それがそれぞれの地名となっていった。最後に「ここでようやく心が和みました」と言い、その地（奈具社）にまつられている。

倭姫命の物語は、なぜ天皇の祖先であるアマテラスが近畿地方の東の果てである伊勢にまつられているのかという由来を語るものです。崇神《すじん》天皇の時代、アマテラスは天皇の住処のある三輪《みわ》にまつられていたのですが、その力はあまりにも強く、倭姫命が鎮まる地を探してあちこち旅し、最終的に伊勢の地に落ち着いた、というものです。

「倭媛の如きも、実は日の神の教えの布教者として旅を続けた人であったのである。倭を出た神は、伊勢に鎮座の所を見出したのであった。此高級巫女《みこ》から伺われる事実は、飛鳥・藤原の時代に既に、異教の村々を巡遊した多くの巫女のあったことである。……古代幾多の貴種流離譚は、一部分は、神並びに神を携えて歩いた人々の歴史を語っているのである。」(「相聞の発達」『古代研究』)

しかし、折口は、「神を携えて歩いた人々」については布教の旅と捉え、貴種流離譚については、神なのになぜ流浪し苦労するのか、という形で問題を立てたため、さまざまな説明を試みましたが、結局、これ、というものを見出すことができずに終わりました。

奈具の社の物語について、『日本文学の発生　序説』ではスサノオのオオゲツヒメ殺害と重ねて、野垂れ死にと穀霊への転生、晩年の論文「真間・芦屋の昔がたり」ではアイヌの熊送りと重ねて、この世での苦難と死による神の世界での再生と、さまざまな説明づけを試みています。

折口が例として挙げる倭姫命の物語を考えても、憑かれた人の鎮まる地を求めての流浪で、それを憑いている神の流浪として語ることもあった、と考えると、これまで紹介してきた折口の他の論とも整合的になります。

柳田国男は、まったく別の視点から、物語を登場人物のなれの果てが過去を物語るという形式のものと捉えています。柳田は、各地に物語の登場人物の墓とされるものがあることに注目し、語り手が自分は物語の登場人物のなれの果てであるとして物語を語ったため、語り手が死ぬと、そこに物語の登場人物の墓が築かれた、と推測しています（『女性と民間伝承』）。

それを考えても、語り手＝憑かれた者の流浪が、登場人物＝憑いた神の流浪としても語られた、と考えるのが妥当でしょう。

有名な『平家物語』の冒頭、「祇園精舎の鐘の声……」も、『平家物語』が平家滅亡の後から平家の盛衰を振り返るものであることを示しています。

「祇園精舎の鐘の声、諸行無常の響あり。沙羅双樹の花の色、盛者必衰のことわりをあらはす。奢《おご》れる人も久しからず、唯春の夜の夢のごとし。たけき者も遂《つひ》にはほろびぬ、偏《ひとへ》に風の前の塵に同じ。……まぢかくは六波羅の入道、前太政大臣平朝臣清盛公と申しし人のありさま、伝《つたへ》うけ給《たまは》るこそ、心も詞《ことば》も及ばれね。」(『平家物語』)

『平家物語』の「灌頂《かんじょう》」巻は、『平家物語』中の平家語りというべき、特異な巻です。壇ノ浦の戦いで平家一族が海に身を投げて滅亡した際、建礼門院(平清盛の娘で高倉天皇に嫁ぎ、生まれた子供が安徳天皇として即位した)も海に飛び込んだのですが、源氏の兵に助け上げられ、都に送られます。尼となって一族の霊を弔っていると、そこに後白河法皇が訪れます。後白河法皇は藤原氏の勢力をそぐために武士を利用し、武士が力を持つと、今度は源氏と平家を争わせて、まず源義朝(頼朝の父)を平清盛に討たせ、平家が実権を握ると、今度は源頼朝たち源氏の生き残りに命じて平家を討たせた、すべての出来事の黒幕的存在です。

その後白河法皇に対して、滅亡した平家の生き残りの建礼門院が、平家の繁栄と滅亡を語る、という『平家物語』の中の平家語りが「灌頂」巻の内容です。灌頂は密教の儀式ですが、この巻では灌頂については語られていません。この巻を伝授されると免許皆伝で平家物語を語ることを許されたので、この名があると考えられています。

『竹取物語』を読む

これまで述べてきたことを踏まえて、『竹取物語』を読んでみましょう。『源氏物語』のなかで『竹取物語』が「物語の出来始めの祖」として紹介されていることは、すでに紹介しましたが、筋立ての上でも、『伊勢物語』や『源氏物語』は、『竹取物語』の筋立てをあれこれ変奏することで、長編に仕立てていることが研究者によって指摘されています。おそらく多くの方は粗筋をご存じだと思いますが、気づかれていないところも色々あるように感じています。なによりも、現代の価値観で読むと、おかしなことになってしまいます。

「今は昔」

物語は「今は昔、竹取の翁といふもの有けり」という言葉から始まります。『竹取物語』は、「今」から振り返って「昔」の出来事を物語るという形式になっています。『竹取物語』は、かぐや姫が月に帰ってしまい、残した不死の薬を天皇が命じて富士山の山頂で焼かせるところで終わります。

「その煙、いまだ雲のなかへたち上るとぞ、言ひ伝へたる。」

物語が書かれた当時は、富士山が活火山で噴煙を上げていて、それは山頂の不死の薬を焼く煙が燃え続けているのだ、という言葉で『竹取物語』は締めくくられていますが、それが物語における「今」です。『竹取物語』は、かぐや姫が月に帰った後に、かぐや姫のことを振り返る物語なのです。

古写本のなかには『竹取翁物語』という題のものもあり、登場人物のなれの果てが過去を物語るという物語の形式に従って、竹取翁が昔を振りかえる物語だと考える研究者もいます。

。かぐや姫の発見と成長

竹の中からのかぐや姫の発見と、たちまち成長して成人式を迎えた、というところから物語は大きく動き始めます。

昔の人々にとって、成人式は大きな意味を持つものでした。現在のように一定の年齢になったら成人、というのではありませんが、成人前と成人後では、その人の社会における位置がまったく変わりました。

和歌の発生のところで、「昔」の社会においては、男の仕事、女の仕事が分かれていたということを紹介しましたが、子供が男の社会あるいは女の社会の一員となる、というのが成人式の意味でした。子供は子供の服を着て、子供の髪形をしています。絵巻物などを見ると、絵だけではそれが男の子なのか女の子なのか区別がつかないことがあります。それが成人式を迎えると、男の服を着て男の髪形になります。あるいは女の服を着て女の髪形になります。ですので、その人が成人式を迎えたかどうかは、一目瞭然です。名前も、新しく男あるいは女としての名前がつけられます。『竹取物語』においても、「なよたけのかぐや姫」というのは、成人してつけられた名前です。

成人式を迎えて男あるいは女の一員になるということは、恋愛対象として社会的に認められる、ということでもあります。男の社会と女の社会は基本的に分かれていますから、現代のようにかぐや姫と知り合いになってから、恋に落ちるということは原則ありえません。物語では、かぐや姫の噂を聞いて、身分に関係なく、すべての男がかぐや姫に恋をした、ということが語られています。これは物語を考えるうえで、読み飛ばしていいところではありません。

◦五人の求婚者への難題

かぐや姫の対応は一切無視で、求婚し続けても無駄なことだと諦めていき、あきらめずに求婚し続けた色好みが五人残った、と物語では語られています。その五人に対して、それぞれ条件が出されます。一切無視だった多くの人とは明らかに違う対応で、五人はかぐや姫に対する挑戦権が認められた、ということになります。

その条件とは、石作皇子《いしづくりのみこ》に出されたのは釈尊が托鉢《たくはつ》に使った石の鉢を手にいれること、車持皇子《くらもちのみこ》には蓬萊《ほうらい》島の玉の枝、阿倍御主人《みうし》には、火の中で生きているという火鼠の皮で作った皮衣、大伴御行《みゆき》には龍の首にある玉、石上麻呂《いそのかみのまろ》には燕の子安貝でした。五人は求愛を拒絶しているのと変わらないと嘆きますが、あきらめずに挑戦します。

この五つの課題の設定もよく考えられていて、当時の社会においては、まったくの架空の存在しないものではなく、世界のどこかにあると考えられていたものが選ばれています。それを手にいれた者がかぐや姫を得られるわけですから、後で明かされることになる、月の都の人間で今この世界にいるかぐや姫と等しい価値の物が条件として課されたことになります。

求愛に対して難題が課されるのも、物語の世界ではよくあることで、『古事記』ではスサノオの娘に求愛したオオクニヌシに対して、スサノオから難題が課されています。

石作皇子は天竺に二つとないものを手に入れることなどできるわけがないと、山寺のすすけた鉢を錦の袋にいれて、歌を添えて贈りましたが、かぐや姫が光があるかと見るとまったくなく、そのことを歌に詠んで返します。石作皇子は鉢を門に捨てて、さらに歌を詠みましたが、返事はなく、皇子のことを耳にもいれませんでした。鉢を捨ててさらに言い寄ったので、面目ないことを「鉢＝恥を捨つ」というようになりました。

以下は省略しますが、五人の顚末それぞれの最後にそのことが言葉の語源となったことが語られています。これは神々が旅をしてあることを語るなどしたことが地名の起源となったという『風土記』などに見える物語のパロディです。

次の車持皇子は用意周到で、朝廷に九州に湯治に行くと暇を願い出、かぐや姫の家には玉の枝を取りに行くと告げて難波から出港し、ひそかに戻って工人たちにかぐや姫が言った通りの玉の枝を作らせました。それを持っていき、自分が蓬萊の島に渡った嘘の苦労話を長々と語っているところに、細工の代金を貰っていないと工人たちが来て訴えたため、嘘が露見してしまいました。皇子はこれ以上の恥はないと山に入って行方知れずになってしまいました。

阿倍御主人は豊かな人で、中国の商人に黄金を送って火鼠の皮衣を手に入れるよう言い、入手しました。かぐや姫が本物なら焼けないはずなので、火にくべると、偽物で、焼けてしまいました。

大伴御行は、家中の者に龍の首の玉を取ってくるよう命じ、屋敷中のありったけの物を与えて、首の玉を取ってこない限り帰ってくるなと命じました。家中の者は与えられたものを取り分けて、好き好きにした。大伴御行はかぐや姫を妻とするからと、元からの妻たちは離縁して、待っていましたが、誰も戻ってこず、自ら舟に乗り九州のほうに漕ぎ出しました。暴風雨が吹き荒れて雷が光り、舵取りは龍を殺そうとするからだと言い、御行は龍に「決して傷つけない」と泣く泣く誓い、明石の浜に漂着しました。それを聞いて、家中の者たちが龍の玉を取ることができないことはお分かりになったでしょうと戻ってきて、御行は「よく取らずにいてくれた。龍を捉えたりでもしたら、自分は命を失っていただろう。かぐや姫というとんでもない奴が自分を殺そうとした」と喜び、家に少し残っていた物をすべて与えると、それを聞いて離縁された元の奥方は腹をよじって笑いました。

石上麻呂は大炊寮《おおいりよう》の飯を炊く建物に燕が巣を作っていると聞き、二十人ほどを遣わして観察させたが、燕は人がたくさんくるので巣に近づかず、どうしたらいいだろうと思い悩んでいたところ、その寮の官人のくらつまろという翁が、「たくさん人が来るからいけないので、一人だけを籠に乗せて、燕が卵を産む時に釣り上げて、子安貝を取らせるのがいいでしょう」と申し上げたので、それはよいと人を籠に乗せて釣り上げさせ、巣を探らせたが、「何もない」という。探し方が悪いからだと腹を立て、自分が籠に乗って探ったところ、何かをつかみ、「やった」と降りようとした際に、綱が切れて、鼎《かなえ》のうえに落ちて気絶してしまった。灯をともしてみたら、握ったのは燕の糞だった。腰の骨が折れてしまったうえ、このことを他人に知られたらと思うと衰弱してしまい。かぐや姫が見舞いの歌を詠んで送ったが、それに返歌を書いたものの、息が絶えてしまいました。

五人とも失敗に終わったわけですが、これを近代的な観点で、偽物を作るなんて、と考えてはいけません。そもそも課題が、普通手に入れることのできないものですし、武力を用いる、翁の助言に従うと並んで、嘘をつくというのも、難題の解決法として見られるものです（たとえば、とんち話で、鬼にひと晩で石段を作らせ、完成しそうになったので、鶏の鳴きまねをして、朝になったと勘違いさせた、など）。

◦天皇の求愛

五人の挑戦が失敗に終わったあと、天皇の求愛が語られます。内侍《ないし》に「多くの人の身をいたづらになしてあはざなるかぐや姫は、いかばかりの女ぞと、まかりて見てまいれ」（多くの人の身を滅ぼして誰とも結ばれないかぐや姫はどれほどの女か行って見てきなさい）と命じており、和歌の成立のところで紹介したように、男女の歌のかけあいは男女の競い合いになる傾向があったのですが、対男性全勝中のかぐや姫に最後の男性チャレンジャーとして天皇が求婚することがわかります。

内侍は翁の家を訪れますが、かぐや姫は対面を拒絶し、内侍は「国王の仰ごとを、まさに世に住み給はん人の、うけたまはり給はで有なむや」（国の主である天皇の仰せを、この世に住む人が従わなくていいことがあろうか）と言いますが、聞き入れません。

次に天皇は翁に官位を授けるからかぐや姫を差し出しなさいと命じ、翁は喜んでかぐや姫に告げたところ、「官位を授かったあとに私は死ぬ」と言い、翁は天皇に「宮つこまろが手に生ませたる子にもあらず。昔、山にて見つけたる。かゝれば、心ばせも世の人に似ず侍り」と、かぐや姫が実の子ではなく、竹の中から見つけた子供であることを明かします。

翁の家は山に近いので、天皇は仮に行幸して家を訪れ、実際にかぐや姫を見て連れ帰ろうとし、かぐや姫が「をのが身は、此国に生まれて侍らばこそ使ひ給はめ。いといておはしましがたくや侍らん」と、自分はこの国の生まれではないので、天皇でも連れて帰ることはむつかしいだろうというのを、強引に連れ帰ろうとすると、かぐや姫の姿が急に消えてしまい、かぐや姫が普通の人でないことがわかりました。天皇は連れ帰らないので元の姿を見せてほしいと願い、姿が元に戻ったので、かぐや姫を美しいと思う気持ちはとどめがたかったのですが、翁がかぐや姫を見せてくれたことを喜び、歌を詠んで帰りました。その後、歌のやりとりが続きました。

このように、男たちの求婚をすべて退け、天皇の思い通りにもならないことで、かぐや姫がこの世のものでないことが前面に出てきます。そして、月の都の人であることの告白と月への帰還につながっていきます。

。かぐや姫の告白と月への帰還

歌のやり取りをするようになって三年ほど経った頃、かぐや姫は月が出るのを見て物思いにふけるようになります。八月十五日（旧暦では満月）近くになってかぐや姫はひどく泣き、翁が尋ねると、自分は月の都の人で、昔の契りがあってこの世界に来たが、帰らなければならない時が来て、この月の十五日に迎えが来ることを告白します。天皇はそれを聞いて、翁の家に使いを遣わすと、翁は月から迎えが来ることを話し、天皇は二千人を翁の家に遣わして警備させ、かぐや姫を守ろうとしますが、深夜十二時頃に昼よりも明るくなり、大空から人が雲に乗って降りてきて、守っていた人々は戦う心が失せてしまい、念じて弓矢を射ようとしても、まったく違う方向に飛んでいってしまいました。

月からの人の中に飛ぶ車があり、王と思われる人が翁に来るよう言い、「翁が功徳を積んだので一時的にかぐや姫を遣わし、翁は豊かになった。かぐや姫は罪を作ったので、このような卑しいお前のところにしばらく滞在し、償いの期限がきたので迎えに来たのに、嘆くのはおかしい。はやくかぐや姫を出しなさい」といい、翁は、自分はかぐや姫を育てて二十年以上になり、人違いではないかとごまかそうとしますが、返事はなく、屋根の上に飛ぶ車を寄せて、かぐや姫に出てくるよう言うと、かぐや姫を隠していた部屋の戸がすべて開き、かぐや姫は外に出ました。

天人たちの持ってきた箱には天の羽衣がはいっていて、また不死の薬がはいっていまし

『竹取物語』月への帰還の場面（国立国会図書館）

た。かぐや姫は、羽衣を着ると心が変わってしまうといわれていると、天皇に手紙を書き、歌を詠んで、不死の薬を添えて、警備の頭中将《とうのちゅうじょう》に託しました。

「今はとて天の羽衣きるおりぞ君をあはれと思ひいでける」（まさに今、天の羽衣を着るときになって、あなた様をお慕いする気持ちに気づきました）

中将が受け取った時、かぐや姫は天の羽衣を着せかけられ、羽衣を着ると物思いがなくなるので、翁のことを思う気持ちも消えて、車に乗って天に昇ってしまいました。

。物語の終わり

残された天皇はどこの山が天に近いか大臣たちに尋ね、駿河国にある山（富士山）が都に近く天にも近いというのを聞き、かぐや姫に逢うことができないなら、不死の薬が何になろうと、使いに託して山頂で焼かせました。たくさんの武士を連れて山に登ったので、その山を「富士の山」と名づけました。その煙が今も山頂からたなびいていることを語り、物語は締めくくられます。

最後の場面が富士山とされていることについて、研究者の指摘があります。『古事記』の天孫降臨の物語で、アマテラスの孫であるニニギの尊が地上に降りた際、山の神が二人の娘を差し上げ、ニニギの尊は花のように美しいコノハナサクヤ姫のみを娶り、岩のように醜いイワナガ姫を返したため、神の子孫であるにもかかわらず、花のように繁栄はするが、花のように寿命が短くなってしまった、と語られています。そのコノハナサクヤ姫を祭神とするのが富士浅間神社で、もし天皇が不死の薬を飲んでいれば、仙人となって空を飛ぶことができるようになり、かぐや姫と再会できたかもしれなかったのに、その機会を失ってしまったことが暗示されているというのです。

◦現代の価値観と『竹取物語』

このように『竹取物語』は、かつての社会が男の社会と女の社会に分かれていて、男を突っぱねれば突っぱねるほど、同性からも異性からも評価が高くなったということを念頭に置かないと理解することのできない作品です。

現在の価値観では、なぜかぐや姫がここまで男性を破滅に追い込むのか、理解できません。市川崑監督による実写版『竹取物語』と、高畑勲監督によるアニメ『かぐや姫の物語』では、どちらも、求婚を拒む理由として、実はかぐや姫には好きな人がいたのだ、という設定にしています。

相手は神であるという建前で相手と歌で恋を語る社会において、今はそれは建前だが、昔は本当にこの世の存在でないかぐや姫がこの世にいたことがあって、天皇を含めあらゆる男性たちは努力の限りを尽くしたけれど、結局手にいれることができなかった、というのが『竹取物語』の主題です。「今」との対比で語られる「昔」とは、本当にこの世の存在ではない女性がいた時代のことです。

実写版『竹取物語』では、冒頭の「今は昔」が「今も昔も」と改変されていて、男女の恋は昔も現代も変わらないという前提で作品がつくられ、五人を三人にした求婚者のうち、偽物を作らせた車持王子とお金で商人から（偽物の）火鼠の皮衣を買った石上麻呂は不誠実な人間で（落語家と芸人が演じています）、自分で龍の首の玉を取りにいった大伴御行は誠実な人で、本当にかぐや姫が好きだったのは大伴御行だった（二枚目俳優が演じています）という設定になっています。

現代の恋愛観に合致していますが、それでは、あらゆる男性が努力しても手に入れることはできなかったかぐや姫は、本当にこの世の存在ではなかったという結末に結びつきません。映画ではかぐや姫は実は宇宙人で、巨大なＵＦＯが降りてきて、それに乗って帰っていったという（現代でも起こりうる？）設定になっています。

†仏教についての柳田国男・折口信夫の捉え方

仏教についての柳田国男と折口信夫の関心、捉え方の違いも、彼らが明らかにしようとした文化のレベルの違いに起因しています。

お盆は仏教行事とされていますが、毎年祖先の霊が帰ってくるという考えは、生まれ変わりや極楽往生を説く伝統的な仏教とは食い違っており、柳田国男は『先祖の話』で、仏教が日本に伝わる前から存在していた死者のまつりが仏教に取り込まれたものと考えています。

「……一方に念仏供養の功徳《くどく》によって、必ず極楽に行くということを請け合っておきながら、なお毎年毎年この世に戻って来て、棚経を読んでもらわぬと浮かばれぬように、思わせようとしたのは自信のないことだった。……むしろ毎年時を定めて、先祖は還ってござるものと信ずることが容易であったらしいので、言わばこの点はまだ仏教の感化ではなかったのである。

私がこの本の中で力を入れて説きたいと思う一つの点は、日本人の死後の観念、すなわち霊は永久にこの国土のうちに留まって、そう遠方へは行ってしまわないという信仰が、おそらくは世の始めから、少なくとも今日まで、かなり根強くまだ持ち続けられているということである。」

「我々の先祖の霊が、極楽などには往《い》ってはしまわずに、子孫が年々の祭祀を絶やさぬ限り、永くこの国土の最も閑寂なる処に静遊し、時を定めて故郷の家に往来せられるという考えがもしあったとしたら、その時期は初秋の稲の花のようやく咲こうとする季節よりも、むしろ苗代の支度に取りかかろうとして、人の心の最も動揺する際が、特にその降臨の待ち望まれる時だったのではあるまいか。……盆を仏法の支配の下に置いて後まで、なお田舎には年の暮の魂祭《たままつり》というものが残っていた。今でもその痕跡以上のものが保存せられているのである。」
（『先祖の話』）

それに対して折口信夫は、社会からはみ出してしまうような強い思いがあの世の仏の信仰として仏教を受容することになったことを、『死者の書』という小説の形で描いています。

山越阿弥陀図（国宝。永観堂）

折口はこの小説を書いた動機について「山越しの阿弥陀像の画因」という論文で書いています。

山の向こうから姿をあらわす阿弥陀仏を描いた山越阿弥陀来迎図というものがあり、人が死を迎える際の臨終の儀式で使われていました。伝承では、平安時代半ばに『往生要集』をしるした源信は奈良県当麻《たいま》村の出身で、この画像は源信の考案したもので、山は麓に当麻寺のある二上山だとされています。

二上山には謀反の疑いをかけられて死を強いられた大津皇子の墓があり、麓の当麻寺にある当麻曼荼羅《マンダラ》（正しくは浄土変相図。『観無量寿経』で説かれている阿弥陀仏の浄土の瞑想法の完成した姿を画像にしたもの）には、中将姫が阿弥陀仏の姿を見たいと願って、蓮糸で当麻曼荼羅を織り、浄土への往生を果たしたという伝説があり、毎年、極楽に見立てられた当麻曼荼羅のある本堂から菩薩たちが来迎し、中将姫を極楽に連れ帰る練《ねり》供養がおこなわれています。

折口は、それらを題材に、小説『死者の書』を構想しました。

小説は、墓のなかで死者が目をさますところから始まります。死者は大津皇子（小説では滋賀津彦）で、奈良の都で藤原氏の郎女《いらつめ》（中将姫）が行方不明となり、探す者たちの魂呼ばいの声に目を覚ましたのでした。娘は父親が筑紫に赴任していて、最新の『称讃浄土仏摂受経』（極楽の有様を描く『阿弥陀経』の玄奘《げんじよう》訳）を送られており、それを千巻書写することを発願《ほつがん》しました。周囲が心配するほどひたすら写経に没頭し、途中、西に落ちる陽に貴い方の面影を見ることはあったのですが、千巻写経を達成した日は雨で、西に落ちる陽も貴い姿も見ることはなく、姫は屋敷を抜け出し、雨の中、ひたすら西へ西へと歩みを進めました。

明け方たどり着いたのは当麻寺で、娘は結界を犯した罪で、当麻で籠ることになります。語《かた》り部《べ》の嫗《おうな》が、滋賀津彦は処刑の際に藤原の娘の姿を見て、それが執心となって、子孫である郎女にその面影を見て、呼び寄せたのだと語ります。

夜中、眠る郎女のもとに滋賀津彦の霊が訪れ、去っていきます。郎女は玉石を抱き海に深く沈んでいく夢を見ます。霊の姿が（墓の中で着物が朽ちているため）裸同然で、衣を着せかけたいと蓮糸を紡いで布を織ることに熱中します。しかし織りあがったのは、まるで棺にかける布で、しかし思いついて、絵の具で自分の見た面影人の姿を描き、それが見るうちに浄土の菩薩たちの姿となり、人々が見とれるなかに、郎女は静かに姿を消します。


「……幾百年とも知れぬ昔から、日を遂うて西に走《は》せ、終に西山・西海の雲居に沈むに到って、之を礼拝して見送ったわが国の韋提希夫人《いだいけ》が、幾万人あったやら、想像に能わぬ、永い昔である。此風が仏者の説くところに習合せられ、新しい衣を装うに到ると、其処にわが国での日想観の様式は現れて来ねばならぬ訣である。

日想観の内容が分化して、四天王寺専有の風と見なされるようになった為、日想観に最適切な西の海に入る日を拝むことになったのだが、依然として、太古のままの野山を馳けまわる女性にとつては、ただ東に昇り、西に没する日があるばかりである。だから日想観に合理化せられる世になれば、此記憶は自ら範囲を拡げて、男性たちの想像の世界にも、入りこんでくる。そうした処に初めて、山越し像の画因は成立するのである。」
「私の女主人公南家《なんけ》藤原郎女の、幾度か見た二上山上の幻影は、古人相共に見、又僧都《そうづ》一人の、之を具象せしめた古代の幻想であった。そうして又、仏教以前から、我々祖先の間に持ち伝えられた日の光の凝《こ》り成して、更にはなばなと輝き出た姿であつたのだ、とも謂はれるのである。」(「山越しの阿弥陀像の画因」)

折口が仏教が伝わる以前からの、日が沈むまで西へ西へと追う女性たちというのは、何を典拠にしているのかわかりませんが、あるいは(男性ですが)阿弥陀仏を呼ばわって西へ西へと歩き、海岸で息絶えた男の口に蓮の花が咲いていたという『今昔物語集』の説話や、沖縄・久高《くだか》島でおこなわれていた女たちが神をまつる者として森の中に入るイザイホーなどを思い浮かべたのでしょうか。

明治以降の近代的な考えでは、仏教の教義やそれぞれの宗派の教義ということが言われるようになりましたが、教義に従うというのは西洋の一神教をモデルとした宗教の捉え方で、仏教は元々一律の教義に従う教えではありませんでした。

釈尊はその人その人に合わせて教えを説いた（「対機《たいき》説法《せっぽう》」）といわれ、仏教の受容の仕方も人それぞれでした。

柳田が関心を持った、毎年繰り返される儀礼として仏教を受容する人々もいましたし、折口が小説『死者の書』で描いたような、そのような社会の枠組みをはみ出してしまう強い思いが、新しく仏教を受容するうえで力となったということもあったでしょう。

次章では、これまでの内容をふまえつつ、仏教がどのように日本で受容され、日本人や日本の文化に影響を与えていったかを、見ていきたいと思います。

第二章

仏教と日本

――古代から中世へ

1　仏教の伝来と展開

†『日本書紀』の仏教伝来記事から「憲法十七条」へ

『日本書紀』に五五二年のこととして仏教伝来の記事がしるされています。当時朝鮮半島にあった王国のひとつ、百済《くだら》の聖明王から日本の天皇に仏教を勧める手紙が送られてきて、それに仏像や経論が添えられていました。

欽明天皇は関心を持ったのですが、自分ひとりで決めることはできないと、豪族たちに諮《はか》り、蘇我《そが》氏は賛成、物部《もののべ》氏と中臣《なかとみ》氏は反対と意見が割れたため、正式採用は見送って、蘇我氏に仏像を与え、蘇我氏は自宅にそれをまつり、後に自宅を改造して寺としたと語られています。

その後伝染病が流行し、物部氏たちは仏像をまつったことが原因だとして、寺を焼き払い、仏像を難波《なにわ》の堀江に流してしまいました。

百済の聖明王からの手紙には、仏教を勧める理由として、日本より西の国はすべて仏教に従っているという普遍性と、難解さ（「解《さと》り難く入り難し」）が挙げられていました。

実はこの手紙には、当時まだ中国で訳されていなかった義浄訳の『金光明最勝王経』（七〇三年に翻訳）に基づく表現があり、実際には『日本書紀』編纂時に作られたものと考えられています。

史実かどうかは別にして、この手紙で挙げられている仏教のふたつの性格は、その後、日本人が仏教を受容する大きな理由となりました。

この記事では、仏像に対する三者三様の捉え方が記されており、仏像をまつることがそれまでの宗教のあり方との大きな違いとして、古代の人々に意識されていたことを示しています。

欽明天皇は、豪族たちに「西蕃の献れる仏の相貌端厳《きらぎら》し。全《もは》ら未だ曾て有ず。礼《ゐやま》ふべきや不《いな》や」と、顔が金色に輝く（仏陀の身体的特徴の一つに、光り輝くことが挙げられるため、仏像の顔は金色に塗ったり金箔を貼ったりする）仏像が、それまでの日本にはなかったものであることを挙げています。

反対派の物部氏たちの仏像を難波の堀江に流したことについては、それまでの神のまつりと同じ方法で仏像を扱ったものという説があります（西田長男「初伝仏教の受容」『日本神道史研究』三、講談社)。仏教が伝わる以前の古い神のまつり方は、秋田県のナマハゲなどに面影をとどめているような、人間世界の外から神を迎え、もてなし、送り返すというもので、それと同じ方法で仏像を扱ったというのです。

日本最古の仏教説話集『日本霊異記《りょうい》』には、物部守屋《もりや》がおこなったこととして、仏像を流したことが説かれていて、「今、国家に災ひを起すは、隣国の客神の像をおのが国の内に置くことによる。客神の像を出すべし。すみやかに豊国に棄て流せ」という言葉が記されています。

従来の神まつりの考えでいうと、仏像は海の向こうから来た新しい神で、それをそのまま留めおくことは、ひな人形を飾りっぱなしにしておくのと同じ、ナマハゲがこの世に居座った状態で、それはよくないことがおこる。作られた話であるとしても、飛鳥に都がある時代に難波の堀江に流すというのは、わざわざ峠を越えて持っていく必要があり、単に何のご利益もないから捨ててしまおうというのとは違います。

賛成派の蘇我氏は、仏像を自分の家にまつり、さらに家を改造して寺にしたというのですから、この世に留まり続けることに、仏像の新しさを感じていたということになるのでしょう。

この仏教伝来記事で重要なのは、仏教が伝わる前は、日本は豪族の連合体でしかなく、豪族たちの意見が割れると天皇もどうすることもできなかった、と描かれていることです。

これは、近代以前の神の性格を考えるとわかることで、すでに紹介したように、何が神であるかは人によって異なるのが日本の神なので、神への信仰で国を統一することはできません。

聖明王の手紙で説かれている仏教の普遍性が、日本という国を作るために必要だったというのが、日本人が仏教を受容する大きな理由のひとつでした。

『日本書紀』で、豪族の連合体だった日本に仏教が伝わり、仏教に基づく統一国家の建設の理念を説いたものとして位置づけられているのが、聖徳太子の作とされる憲法十七条です。

「和なるを以て貴しとし、忤《さか》ふること無きを宗とせよ。人皆党《たむら》有り。亦達《さと》る者少なし。是を以て、或いは君父に順はず。乍《また》隣里に違ふ。……」(第一条)

「……国に二の君非ず。民に両の主無し。率土の兆民は、王を以て主とす。」(第十二条)

「私を背きて公に向《わ》くは、是臣が道なり。……初の章に云へらく、上下和《あまな》ひ諧《ととのほ》れ、とい

へるは、其れ亦是の情《こころ》なるかな」（第十五条）

第一条では有名な「和」の必要性が説かれていますが、これは家族や友人間などの、同じ価値観を持つ人同士の仲の良さではありません。「和」が必要な理由のひとつとして、「人皆党有り」と、人はグループを作ることが挙げられています。グループ内の仲の良さではなく、価値観の異なるグループ間で「和」を目指すべきことが説かれているのです。

第十五条では、第一条の「和」が私を捨てて公を志向する、家臣としてのあるべきあり方だと説明されており、それが政治的なものだとわかります。

第十二条では、すべての土地のすべての民は「王」を唯一の主とすべきことが説かれており、憲法十七条で目指されているのは、豪族の連合体を超えた、統一国家の建設です。そのために必要なのが仏教の導入でした。

「篤《あつ》く三宝《さんぼう》を敬へ。三宝とは仏・法・僧なり。……其れ三宝に帰《よ》りまつらずは、何を以てか枉《まが》れるを直さむ。」（第二条）

「忿を絶ち瞋を棄てて、人の違ふことを怒らざれ。人皆心有り、心各《おのおの》執《と》れること有り。彼是すれば我は非す。我是すれば彼は非す。我必ず聖に非ず。彼必ず愚に非ず。共に是凡夫ならくのみ。……」（第十条）

第二条では三宝（仏・法・僧）を敬う必要性が説かれています。仏教では、さとりを開いた仏陀（仏）と、そのさとった真理（法）、その真理を受け継ぎ実践している修行者（僧）を帰依の対象とします。その理由として、三宝に基づかなければ、曲がったものをただすことはできないことが挙げられているのですが、それを、より詳しく説明しているのが、第十条です。

そこでは、怒りの心を捨てて、他人が自分と意見が違うからといって怒ってはいけない、と説かれていて、逆に言えば、私たちは他人が自分と違うと怒ってしまいますが、それではいけないと説いているのです。その理由として、「人皆心有り、心各執れること有り」と憲法十七条は説いています。この条は短いのですが、仏教のエッセンスが示されています。

『日本書紀』の仏教伝来記事では、百済の聖明王からの手紙で仏教の難解さが示されていましたが、この難解さもそれに関わります。

普通、私たちは、自分がいて自分が捉えている通りの対象がある、これが「現実」であると疑っていません。仏教は、その捉え方に問題があり、それから解放されない限り、一時的に満足することはあるとしても、苦しみから解放されることはない、と説く教えです。難解さは、それが私たちの実感に反しているためです。

これは、私たちの認識のメカニズムに原因があります。私たちは眼や耳などの感覚器官から膨大な情報を取り入れていますが、そのままの形では認識することができません。特定の情報を他と区別する（仏教用語で「分別《ふんべつ》」といいます）ことで、はじめて認識することができる、情報を切り取ることによって認識するのです。どう切り取るかは、人によって、あるいは文化によって違いがあり、同じ情報を四角く切り取れば心に四角がありありと映り、丸く切り取れば丸が心にありありと映ります。

これはきわめてわかりにくいので、具体例で考えるといいかもしれません。たとえば、友達との間で小説や映画、歌手などの話題になって、自分があの小説や映画はすばらしい、あの歌手の歌声はすてきだ、と言った時、相手から「全然よくない」「どこがいいの？」と言われたら、ムッとするでしょう。自分の心にはその小説や映画、歌がすばらしいものとして映っているのに、その「現実」を否定されたからです。

しかし、自分の捉え方だけが正しく、相手が間違っているとは限りません。同じものを自分は素晴らしいものと切り取り、自分の心にはそれがありありと映っていますが、友達は同じものをよくないものと切り取り、その心にはよくないものとしてありありと映っているのです。

それが、第十条で他人と意見の違う原因として説かれている「心各執れることが有」るということで、それぞれの捉え方が違い、それをそれぞれが「現実」と疑っていないことが意見の相違であり、相手に対して怒りの心をおこす原因なのです。仏教で「凡夫」という言葉はいい意味では使われませんが、文字通りの意味は「普通の人」です。普通の人というのは、自分が捉えているものが「現実」だと疑っていない人のことです。それぞれ捉えたものが異なり、しかも自分が捉えているものが「現実」だと疑っていないため、相手に対して腹を立てるのです。

仏教のこのような考えを踏まえると、他人と意見が違うとき、腹を立てるのではなく、これは互いの捉え方の違いに由来するのだと理解することで、話し合いの余地が生まれます。

東大寺大仏

それが、第一条で目指されている「和」なのです。単なる豪族の連合体を超えた統一国家の建設が目指され、そのために互いの価値観を相対化する仏教の導入の必要を説いたのが、「憲法十七条」なのです。

仏教説話集『日本霊異記』上巻五縁では、大伴屋栖野古が死んで蘇り、死後の世界で聖徳太子に出会ったことを語っています。聖徳太子は大仏を造るため、ふたたびこの世に生まれることを告げ、そうやって生まれたのが奈良時代の聖武天皇であると説いています。

これを現代的な価値観で言い直すなら、聖徳太子が理念として掲げた仏教の導入による統一国家の建設を、実際の政策として実行したのが、聖武天皇の日本全国での国分寺・国分尼寺の建設と、奈良の大仏の建立だったと言うことができるでしょう。

明治になる前は、聖徳太子は日本に仏教を広めるために生まれた観音菩薩の化身として、信仰の対象となっていました。

†『日本霊異記』に見る伝来当初の仏教

『日本霊異記』（正しくは『日本国現報善悪霊異記』）は、平安時代はじめに奈良薬師寺の僧景戒によって編纂された、日本最古の仏教説話集です。以前は『日本書紀』『続日本紀《しょくにほんぎ》』といった国家の歴史書が第一等の史料とされ、奈良仏教は国家仏教で庶民への影響はなかったといわれていたのですが、近年の研究では、奈良仏教は国家仏教だというのは、国家の歴史書であるという『日本書紀』や『続日本紀』の史料的な性格によるところが大きく、『日本霊異記』はそれにとどまらない当時の仏教のあり方がかなり正確に反映されていることがわかるようになってきました。

垂髪で袈裟を着けた太子像。前近代においてもっとも一般的な図像だった（飛鳥寺）

　仏教というと、先祖供養、死者のためのものという印象を持っている方も多いと思いますが、それは最初からの姿ではありませんでした。

行基

。旅人への教え

奈良時代、僧行基《ぎょうき》が港を作ったり橋をかけたりして、聖武天皇の大仏造営にも協力したことを学校で習った人は多いと思いますが、それは行基に限ったことではありませんでした。

『日本霊異記』を読むと、他の僧も橋を架けたりしており、また、単に旅人の便宜を図るだけでなく、そこを拠点として、旅する人に教えが説かれていたこともわかります。

そこで説かれたのは、因果応報——よいことをすればよい報いがあり、わるいことをすればわるい報いがあるという教えでした。

なぜこの教えが旅する人にアピールしたかということは、仏教が伝わる前の状況を考える必要があります。神とそのまつりの古い姿はナマハゲに面影を残すようなもので、何を神とするかは人によって変わるものでした。

旅人は、そもそも神を閉じ込めた自然の領域に自分から足を踏み入れるばかりでなく、土地土地によってまつられている神は異なりますから、その信仰は旅する人にとっては都合の悪いものでした。

それに対して新しくはいってきた仏教は、あの土地では通用するがこの土地では通用しない、ということはありません。わるい結果を望まないのであれば、わるいことをしないよう努め、よい結果を望むのならよいことをするようにする。何をすべきかは明快で、その普遍性は、異なる土地を旅する者にとって心強いものでした。

僧が橋を架けたり港を作ったりすることができるのは、寺を作る高度な建築技術が仏教と共にはいってきたからで、その技術や教えの普遍性は、旅する人の心に訴えかけるものがあったのだと思われます。

旅する人は、旅先で、あるいは故郷に帰って自分の見聞したことと新しい教えについて語り、仏教は急速に広まっていった、と思われます。

僧のなかには、旅人に教えを説くだけでなく、自身も旅をして、自然の中で厳しい修行をおこなう者があらわれ、彼らが土地土地の信仰に関わるようになっていきました。

現在、観光地として知られる栃木県の日光や、神奈川県の箱根は、恐ろしい神の住む領域だった所を僧が修行の場として開いたものです。

『日本霊異記』からは、仏教がどのようにして在来の信仰に関わっていったかについても見てとることができます。

†神まつり・死者のまつりへの僧の関与

◦神まつりへの関与

『日本霊異記』下巻二四縁は、次のような話です。

近江国《おうみ》（滋賀県）の御上《みかみ》の嶺（三上山）で修行していた大安寺の僧恵勝《えしよう》の夢に陀我《たが》大神があらわれて経を読むことを求めた。翌日白い猿の姿であらわれて、前世の罪でこのような猿の姿の神となったことを語り、その身を免《まぬが》れるために『法華経』の読誦を求めた。恵勝は承知して読経のための供養を求めたが、猿は朝廷から与えられた封戸からの収穫は神主が私物化していて自分の自由にならないと答えた。猿は代わりに「知識」（仏教サークル）にはいることを望み、恵勝は出かけて取り次いだが、指導する僧も檀越《だんおつ》（スポンサー）も、猿の言葉だとして受け付けなかった。すると白い猿が堂の上にあらわれたかと思うと、寺は粉みじんに壊れた。堂を再建して神の願いをかなえたところ、今度は災いがおきなかった。

元々、神のまつりは神を人間世界の外に押し込め、その代償として決まった日に来てくれたら歓迎するという、人間の一方的な都合によるもので、それで神が満足する補償はありませんでした。実際、人間世界を訪れた神が帰ってくれない、人間の都合の悪い時にい不意に訪れる、ということはあり得ることと考え、折口信夫は「祟《たた》り」という言葉は、元々そのような神の発現を意味したと説いています。まつりで神が満足するかどうかは、やってみないとわからないものでした。

この説話でも、神は「朝廷《みかど》われに賜《たま》ふといへども、典《かど》れる主ありて、おのが物とおもひて、われに免《ゆる》さず」と、神主に対する不満を語っています。それに対し、僧である恵勝は、なぜ神が苦しんでいるのか、神がどうしてほしいと願っているかを知り得る存在として描かれています。

もちろん、これは仏教側が説いた説話ですが、経典には地獄や極楽など、私たちには知りえない世界が描かれており、仏陀はそれらすべてを見とおすことができる存在（一切智者）とされていました。恵勝は仏陀ではありませんが、その仏陀を目指して修行をしており、私たちの知りえない、神が何を望んでいるのかがわかるのだろうと考え、それなら神のまつりは僧に任せよう、と考えられたと思われます。

地獄や極楽を描いた絵を僧が解説する絵解きは、長く仏教を広める手段となっていました。『日本霊異記』にも記事があります。

現在は、もし神社に僧がいてお経を唱えていたら、ここは神社なのに、と不審に思うでしょうが、明治維新の際の神仏分離までは、僧が神のために経を唱えるのが一般的なありかたでした。

◦死者のまつりへの関与

死者のまつりに僧が関与するようになったのも、神のまつりとまったく同じ理屈に基づいています。

上巻三〇縁は、死んで蘇った豊前《ぶぜん》国（福岡県）宮子郡の郡司膳臣広国《かしわでのおみひろくに》が、死後の世界で先に亡くなっていた父親と出会ったことを語ったという説話です。

父は広国に、自分は生前の罪で地獄の苦を受けており、飢えて七月七日に蛇の姿でお前の家を訪れたところ、お前は自分だと気づかずに、棒でひっかけて捨ててしまった。翌年の五月五日には赤い犬の姿で訪れたが、その時も気づかずに、飼い犬に吠えさせて追い払った。さらに次の年の正月一日に猫の姿で訪れ、供《そな》え物を食べて、ようやく三年分の飢えを癒すことができたと語りました。亡父は布施《ふせ》や僧に読経《どきょう》を頼むことや仏像を造ることや放生《ほうじょう》（殺されそうになっている生き物を買い取って放す）など、仏教の説く善行の報いがどれほどのものかを語りました。

一月一日、五月五日、七月七日は中国由来の節句の日で、この説話ではその日が死者の霊がこの世に戻ってくる日とされています。大みそかに死者の霊が帰ってくる説話は他にもあり（上巻十二縁、下巻二七縁）、これらはお盆が仏教行事とされる以前の死者のまつりと考えられています。

この説話では、下巻二四縁の陀我大神と同様に、死者がそれまでのまつりがうまくいっていないことを語り、仏教式のまつりを望んでいます。説話は、「広国、その父の奉為《おほむため》に、仏を造り経を写し、三宝を供養して、父の恩を報いまつり、受くるところの罪を贖《あがな》ひき。これよりのちは、邪を廻らして正に趣《おもむ》きき」と結ばれています。

この説話では、亡父の望みを聞いたのは息子の広国ですが、僧がそれを知って伝える説話も、いくつもあります（上巻十縁、同二〇縁、中巻十五縁、下巻十六縁）。

そのひとつ、下巻十六縁は、故郷を離れて国を経巡って修行する寂林《じやくりん》法師が、邪婬の罪に苦しむ横江臣成人《なりひと》の母を夢に見て、成人を探してそれを伝えたという説話です。母は男性との性関係に夢中で成人に乳を与えず飢えさせたことを語っていて、成人自身には幼い時のことで記憶がありませんでしたが、近所に暮らす姉に尋ねたところ、その通りだったというので、母が死後の世界で苦しんでいると、造仏写経をおこない、法事をおこないました。

私たちが死者のことをどれほど思ったとしても、今どのようにしているか、何を望んでいるかを知ることはできません。仏教の教えでは地獄や極楽の様子が詳しく説かれ、どうすれば地獄に堕ちずにすむか、どうすれば極楽に生まれることができるか、地獄に堕ちた亡くなった人を救う方法が説かれています。

現在に至るまで、死者のまつりは仏教によるものが一般的で、仏教というと、亡くなった人のためにお坊さんにお経をあげてもらう宗教、というイメージがあるほどです。

平安仏教の最澄や空海も、自然の中で厳しい修行をおこなう山林修行者の出身で、最澄が比叡山、空海が高野山を拠点としたのも、そのことと関係しています。

†最澄・空海の果たした役割――仏教の全体像の紹介

伝統的理解では、仏教は一律の教義に従う教えではなく、奈良時代はさまざまな教えがバラバラにはいってきた状態でした（南都《なんと》六宗）。中国（唐）に渡り、日本に帰って体系的な仏教理解を紹介したのが、平安仏教の最澄と空海でした。二人は同じ時に遣唐使船で唐に渡り、歳は最澄のほうが上で、帰国も最澄の方が早かったのですが、後代への影響の関係で、ここでは空海、最澄の順で紹介します。

空海

◦空海（七七四～八三五）

空海は讃岐《さぬき》国（香川県）の生まれで、幼い時から聡明で周囲から出世を期待され、大学寮（官僚養成機関）にはいりますが、そこをやめてしまい、修行者の道を選びます。その後しばらくは詳しい歩みがわかっていませんが、四国などの自然の中で厳しい修行に打ち込んでいたと推測されています。

遣唐使船に留学僧《るがく》として同乗し、唐で当時最新流行だった密教の教えを恵果阿闍梨《けいかあじやり》から授かり、帰国しました。空海の説明によれば、それまでの教え（顕教）が外の仏陀（報《ほう》身《じん》・化身《けしん》）が言葉で導くものであるのに対し、密教では心の仏陀（法身《ほっしん》）こそが究極の仏陀であるとして（心の仏陀の世界を象徴的にあらわしたのが密教の曼荼羅）、すでにその境地を体験している師に引き入れられて、一時的にその境地を体験します（密教の灌頂）。

仏教では、究極の境地を言葉によって伝えることはできず、釈尊だろうとどんな高僧だろうと、ヒントしか伝えることができません。顕教では、言葉のヒントを手がかりに正解にたどりつく必要があり、理解に長い時間がかかります。それに対して、密教では灌頂ですでに師が体験している正解に触れることができるため、時間がかかりません。ただ、灌頂を受けて師の境地を体験するためには、その人の資質や師との縁が重要になり、恵果阿闍梨の許にも、灌頂を授かりたいと多くの僧が集まっていたのが、日本からやってきた空海を見るなり、「お前が来るのを待っていた」と言って灌頂を授け、まもなく亡くなってしまいます。これは後世の伝説ではなく、帰国した空海自身が書き記していることです。

当時、最澄がすでに名声を確立し、朝廷で重んじられていたのに対し、空海は無名の存在で、唐で二十年間仏教を学ぶ条件で、遣唐使船に同乗していました。しかし空海は、師の恵果阿闍梨が亡くなったこともあり、二年と少しで帰国してしまいます。九州に着いたあとしばらく都に戻ることができず、ドロップアウトしたと考えられたのではないか、という推測もあります。

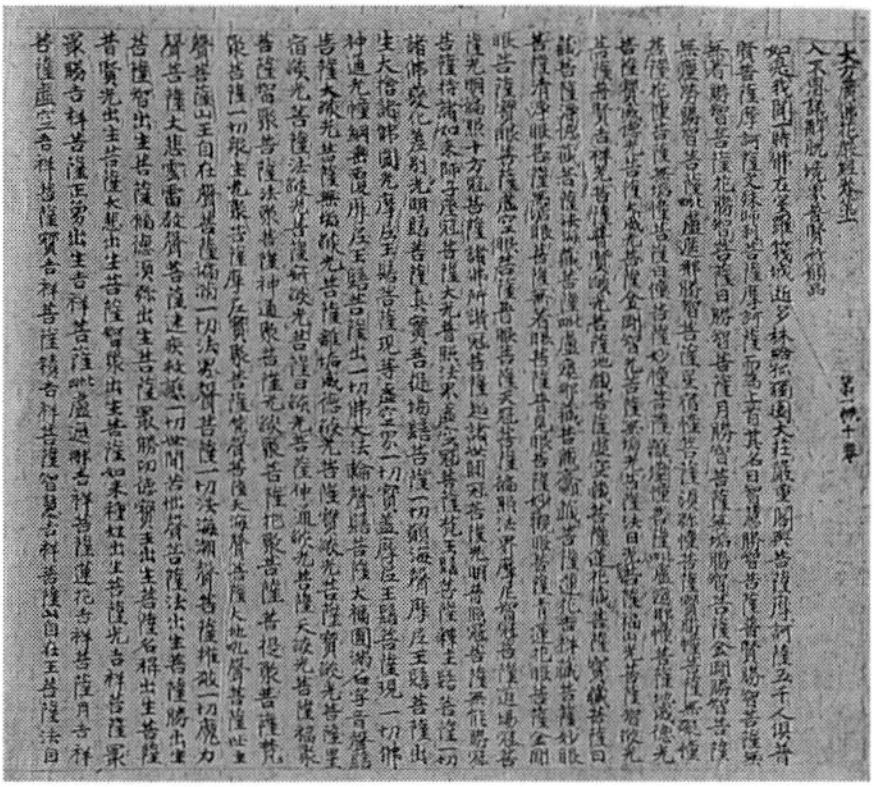
三十帖冊子（国宝。仁和寺）

すでに述べたように、さまざまな言葉のヒントを手がかりに正解にたどり着く顕教の学習に時間がかかるのに対し、密教では師のすでに体験している言葉を超えた境地を一時的に体験するため、学習に時間はかかりません。空海は帰国の際に写経生をやとって膨大な教えを書写させて持ち帰り（三十帖冊子）、現在も仁和寺に国宝として残っています。もう正解を知っており、ヒントについてはひとつひとつを考える必要が無くなっていて、持ち帰るだけでよかったのです。

実際、若い頃の著作『三教指帰《さんごうしいき》』（唐に渡る前の自筆本『聾瞽《ろうこ》指帰《しいき》』が残る）では、自己を投影したと考えられる修行者に、仏教の道は錯綜しており、どこを目指せばいいのかわからないと語らせているのに対し、帰国後しるした十住心《じゅうじゅうしん》の教え（『秘密曼荼羅十住心論』『秘蔵宝《ひぞうほう》鑰《やく》』）では、さまざまな異なる教えが完成したジグゾーパズルのように組み合わされてぴったり位置づけられており、空海が唐で正解を体験したことを裏づけます。

略本とされる『秘蔵宝鑰』には、『秘密曼荼羅十心論』にはなかった儒教官僚と仏教僧の問答（十四問答）が付け加えられており、そのなかで僧が仏教の教えの分類を説いています。これは帰国してはやい段階で記されたと考えられている『弁顕密二教論』でも説かれているもので、それを踏まえて十住心を見ると、その意図をよく理解することができます（詳しくは拙著『空海に学ぶ仏教入門』ちくま新書を参照）。十住心の第一〜第三住心は、仏教・非仏教共通の教えで、第四住心以降が仏教固有の教えとなり、官僚と僧の問答は第四住心のところに挿入され、そこで扱われているのは、仏教固有の内容についてです。

基本分類	**十住心**
仏教・非仏教共通の教え	
（人天乗）	第一〜第三住心　私たちの物の見方に合わせた段階

仏教固有の教え

化身の仏陀の教え（三乗）　第四〜第七住心　私たちの物の見方からの解放をめざす段階
報身の仏陀の教え（一乗）　第八・第九住心　「空《くう》」を体験した人に現れる世界
法身の仏陀の教え（真言乗）　第十住心　言葉を超えた境地を言葉を介さず体験する段階

普通、私たちは自分がいて、自分がとらえている通りの対象がある、それが「現実」だと疑っていませんが、仏教はその捉え方に問題があり、それから解放されない限り、苦しみが無くなることはないと説く教えです。

仏教の理解しがたさの理由のひとつは、それが私たちの実感に反することで、最初から自分の物の見方に問題がある、とかそれから解放されたい、という人はまずいません。ですので、仏教の基礎の部分は、私たちの物の見方に合わせたものになっています。伝統的には人天乗と呼ばれ、悪いことをしない・いいことをなるべくすることによって、天の神々の世界や再び人間に生まれることを目指す教えです。瞑想としては心を鎮める瞑想

（止観の「止《し》」）をおこないます。これは他の宗教でもおこなわれているもので、この段階は仏教固有の実践ではありません。空海は中国から伝わった儒教や道教は、この段階に相当する教えだとしています。

インドの他の宗教では、神々の世界に生まれることを苦しみからの解放の境地とするものもありますが、仏教では、神々として生きている間は苦しみを感じないものの、それは永遠のものではなく、いつか終わりが来るもので、輪廻からの解脱ではないと説きます。そのことを理解した時、その人に果てしない輪廻から抜け出したいという動機が生じるのであり、そういう人に対して説かれたのが、化身の仏陀の教えである三乗の教えです（声聞《しょうもん》乗・独覚《どっかく》乗・菩薩《ぼさつ》乗）。

声聞乗（第四住心）では、すべての煩悩を断ち切った阿羅漢《アラカン》の境地を目指します。独覚乗（第五住心）では、輪廻の原因である「無明《むみょう》」（物事を正しくとらえられないこと）を滅して、さとりは開くが言葉で教えを説くことはない独覚の境地を目指します。

釈尊はインド・ブッダガヤでさとりを開いて仏陀となったあと、何十年にも渡って教えを説き続けました。それは自分の苦しみをなくすためには必要のないプロセスです。教えを説くのは、他の者を苦しみから解放するためで、菩薩乗（第六・第七住心）では、一切衆生を苦しみから解放するために、釈尊と同じ仏陀の境地を目指します。

私たちの物の見方からの解放を目指す段階に三種類のゴールと道が設定されているのは、私たちは今の物の見方から解放された境地を知らず、自分自身が納得しなければ、物の見方を変える訓練（＝修行）法があったとしても、おこなわないからです。

それでゴールにたどり着いて終わりではなく、さらに自分と自分の目指すゴールという図式からも解放された段階があります。それが報身の仏陀の一乗の教えで、第八住心の『法華経《ほけきょう》』の世界、第九住心の『華厳経《けごんきょう》』の世界がそれに相当します。報身の仏陀と化身の仏陀の違いは、前者は実体視に捉われる凡夫の眼では見ることができないのに対し、化身の仏陀は衆生を救うためにそれぞれに合わせて現れた姿で、釈尊は化身の仏陀とされます。

修行法としては、瞑想中に「空《くう》」（私たちが捉えているような実体はないこと）を体験すると、瞑想を終えてももはや今のような捉え方に戻ることはないとされています。そのような高次の菩薩によって捉えられるのが、仏の世界です。

それは、言葉で伝えることのできない境地ですが、『法華経』や『華厳経』ではそれが言葉によって説かれています。

最澄

その言葉を超えた境地を実際に言葉を介さず体験するのが密教の灌頂で、その境地と実践が説かれているのが、第十住心です。

宗派によって多少位置づけが違うこともありますが（たとえば華厳宗では『華厳経』を第十住心の密教と同じ位置づけとしたり、天台宗では『法華経』を第十住心と同じ位置づけとする）、これが伝統的な仏教の全体像と考えて、問題ないでしょう。

○最澄（七六六〜八二二）

中国に渡った最澄は、中国天台山《てんだいさん》でおこなわれている体系的な仏教理解（五時八教説）と実践法を持ち帰りました。中国においては、実践は、少しずつさとりに近づく漸悟《ぜんご》と一気にさとる頓悟《とんご》の両方があるとされていましたが、最澄は日本は仏教の本場の天竺《てんじく》から遠く隔たり、時代も釈尊からかなり経ってしまっていて、今の日本にふさわしいのは一気にさとる頓悟だと主張しました。

これは南都六宗との対立を生み、漸悟の立場にたつ法相宗《ほっそう》の徳一《とくいつ》との間で激しい論争が繰り返されました。そもそも、誰でも一気にさとることができるのであれば、釈尊がさまざまな教えを説く必要はありません。いわゆる鎌倉仏教の開祖たち（栄西・道元・法然・親鸞・日蓮）は皆比叡山の出身ですが、それは最澄が実践のハードルを上げてしまったため、自分はどうやったら一気にさとることができるだろうかとあれこれ模索した結果といえるかもしれません。

また、仏教においては、いわゆる大乗仏教においても、正式な僧（比丘《びく》）となるためには、声聞の戒を受ける必要があるとされていたのを、最澄は、菩薩戒で菩薩僧となる新たな制度を主張し、天皇に許可を求め、これも大きな波紋を巻き起こしました。結局、最澄が亡くなった直後にようやく天皇の許可が得られました。

そもそも、比丘の戒律というのは、メンバー規約で、すでにメンバーとなっている者の承認が必要とされてきました。鑑真《がんじん》が正式な戒律を日本に伝えるための渡海の途上で、何度も遭難するなどの困難を乗り越えて来日を果たしたことは有名ですが、それは日本の僧をメンバーとして承認するためです。比丘の制度を遡ると、釈尊が戒律を定めたことから途切れることなく受け継がれているとされています。

そのため、日本の天皇が認めたといっても、それは日本国内でのみ通用するローカルルールで、天台系の僧が中国にわたっても正式な僧侶とは認められない、という問題も引き起こしました。

いろいろな意味で、日本的な仏教のあり方の方向性を決めたのは最澄だったといえるかもしれません。

†親鸞や道元の教えは「やさしい」か?

鎌倉時代の親鸞や道元について、やさしい教えで民衆に仏教を広めた、と学校で習った人もいると思います。これは、キリスト教の宗教改革を日本の仏教に当てはめたもので、鎌倉「新」仏教という言い方がそれを示しています。

後で触れるように、安土桃山時代に日本を訪れたキリスト教の宣教師たち(彼らはカトリックです)も、一向宗(現在の浄土真宗)や法華宗(現在の日蓮宗)の教えについて、プロテスタント的だと評しており、似ているところもあるのですが、別の宗教の別の宗教家たちのおこないで、完全に一致しているわけではありません。

道元の『正法眼蔵《しょうぼうげんぞう》』は読んで理解することを拒絶するような書かれ方をしており、難解きわまりないことで知られていて、自分で読んでみたら、「やさしい」かどうかは一目瞭然です。

仏教の難解さは、苦しみの原因を私たちの物の捉え方に求めるところにあって、それが私たちの実感に反しているからです。ですから、やさしい仏教というのは、原理的にあり得ません。道元はそのことを次のように表現しています。

「仏法は、人が知ることのできるものではない。……それを究め悟る時、かねてから悟るとはこのようであろうと思われることはないのである。よしんば（こうであろうと）思われても、そう思われるのに違わない悟りではない。」（『正法眼蔵』「唯仏与仏」水野弥穂子訳）

その理解における最大の問題点は、私たちの多くは自分が捉えているものを現実と疑わず、それを改めたいというモチベーションを持たない点にあります。

「世間で言う言葉に、「わたしは黄金を売っているのに、人々が黄金を手に入れないのは、人が買わないからだ。」というのがある。仏祖の道もこれと同じである。道を惜しんで与えないのではない、常に与えているのであるが、人がそれを手に入れないのである。」(『正法眼蔵随聞記』水野弥穂子訳)

親鸞の教えについて、どんな悪人でも「南無阿弥陀仏」と唱えさえすれば救われるのだから、悪を改める必要はない、と理解することは、親鸞の時代にもあり、それが後の時代に一向一揆をおこすことにもなりました。その理解が間違っていることは、晩年、京都に帰っていた親鸞が、関東の門人たちに宛てた手紙のなかで、はっきり説いています(『末燈鈔』)。

「どんなことよりも、大切な仏の教えを知らず、また浄土宗の教えの真髄をも知らないで、思いもよらない恣《ほしいまま》の振る舞いや慚《はじ》知らずなことをする人たちの中に、悪は思うままに振舞えばよいとおっしゃっていることは、重ね重ねあってよいことではありません。……以前盗心を懐いたことのある人でも、極楽に生まれることを願い、念仏を称えるほどになったならば、もとのひがみ心を思い直して改めることこそ当然でありますのに、その心の少しもないような人々に、悪いことをしてもかまわないということは、けっしてあってはなりません。」

「煩悩にまみれた身だからといって、心のままに、身にもしてならないことをゆるし、口にもしてならないことをゆるし、心にも思ってならないことをゆるして、どのようにでも心のままにしたらよいと申しあっているらしいことは、重ね重ね不憫《ふびん》におもわれます。……はじめて仏のお誓いを聞くようになった人々の中で、みずからの身や心の悪を思い知って、この身のようではどうして浄土に生まれることが出来ようかと思う人に対してはじめて、人間は煩悩をまとっているのだから、仏はわたしたちの心の善悪《よしあし》をとやかく沙汰しないで、お迎えになるのだ、と説かれるのであります。このように聞いたあとで、仏を信じようという心が深くなったときには、まことにこの身を厭い、長い流転を続けて行くことをも悲しんで、深く阿弥陀仏のお誓いを信じ、仏のみ名をよろこんで称えるようになり、そして以前、心のままに悪事を犯すまい、と考え合うようにおなりになるなら、それこそこの世を厭うしるしでありましょう。」(石田瑞麿訳)

親鸞の教えは、阿弥陀仏の目には見えない救いの光が自分に届いていることがわかった

道長の息子藤原頼道が建てた平等院鳳凰堂は阿弥陀仏の浄土のさまを模したもの

時、浄土への往生が確定する、というもので、浄土真宗においては「南無阿弥陀仏」は自分を救ってくれる阿弥陀仏への感謝の表現（「報謝《ほうしゃ》の念仏」）とされています。

　気がつくだけでいいので、その意味では「やさしい」ですが、目に見えない光に気づくというのは、誰もが簡単にできることではありません。その教えは「易行難信《いぎょうなんしん》」とされ、今の説明は後者を意図的に読み落としたものです。親鸞自身、「難の中の難、これに過ぎたるはなし」と説いています（『教行信証』行巻所収「正信偈《しょうしんげ》」）。

　少数ですが、気づくことができたという人が現れ、「妙好人《みょうこうにん》」とたたえられました。他の人もどうやって気づくことができたの

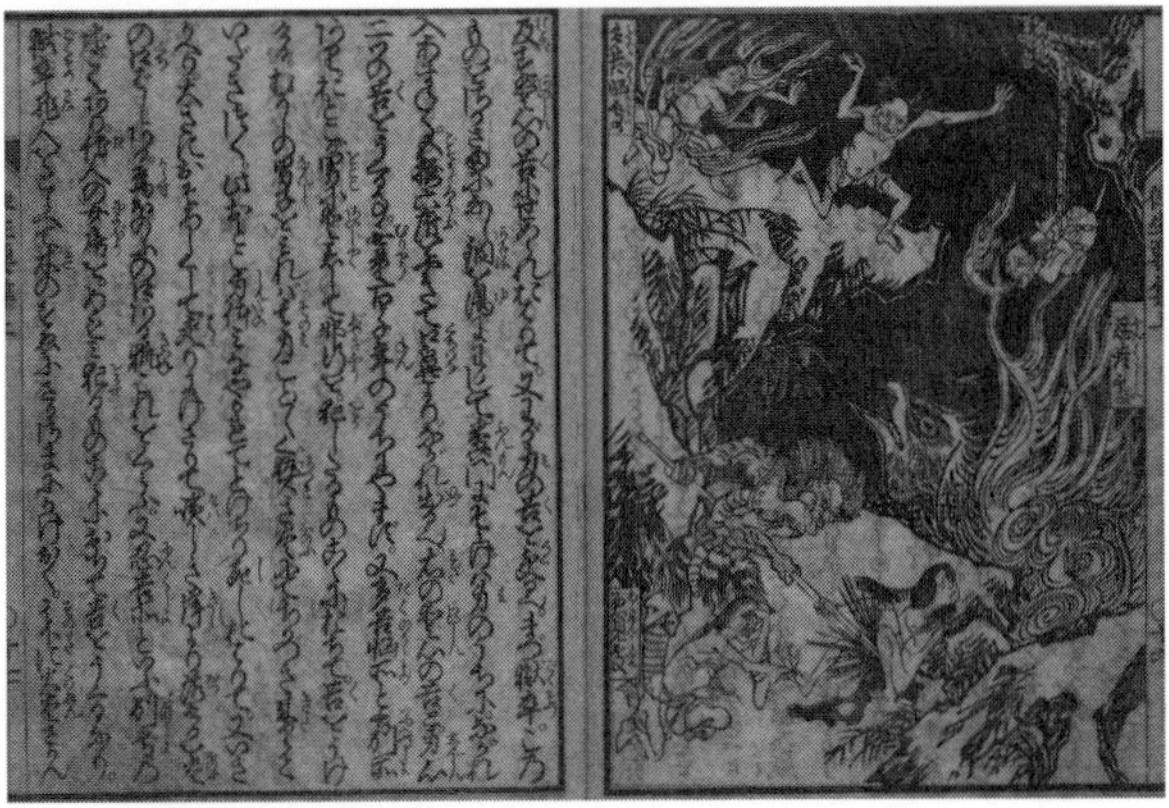

絵入り仮名書きの『往生要集』

か、気づいた境地がどのようなものかと知りたいために、彼らを訪ねたその聞き書きが残されています。

†源信『往生要集』の成功

さまざまな日本の仏教者の教えの中で、もっとも日本人や日本の文化に影響を与えたのは、平安中期の源信《げんしん》（九四二〜一〇一七）『往生要《おうじょうよう》集《しゅう》』でしょう。

同時代でも、藤原道長が『往生要集』に説かれている通りの死の迎え方をしたことが『栄華物語』に記されていますし、『源氏物語』宇治十帖（主人公の光源氏は亡くなっていて、その子供たちの世代の物語）に大きな影響を与えているといわれています。

江戸時代にはいると、たくさんの挿絵入りの木版本が出版されました。

仏教は理解するのがむつかしい教えで、日本の高僧が高度な仏教理解を示したとしても、今度はその高僧の教えを正しく理解することがむつかしい、という問題が生じてしまいます。

各地に弘法水（水がなく困っている者のために空海が金剛杵《こんごうしょ》で岩をうがち、水が湧いた）や親鸞杉（旅の親鸞が念仏が広まるならこの杖が生えるようにと杖を地面に刺し、それが杉の巨木となった）の伝承があることは、彼らの仏教理解が多くの人々に受け容れられたというより、旅する宗教家の枠組みで彼らが信仰されたことを物語っています。

『往生要集』の成功は、「厭離穢土《おんりえど》、欣求浄土《ごんぐじょうど》」と、教えを二段階にしたことにあります。私たちの多くは、自分が捉えているものが「現実」と疑わず、それから解放されたいと願ってはいません。空海の十住心のところで見たように、伝統的な仏教にさまざまな教えがあるのは、私たちのモチベーションに合わせて教えが設定されているためです。

『往生要集』ではまず「厭離穢土」、輪廻の苦しみが事細かに説かれ、読者に輪廻から抜け出したいというモチベーションを生じさせ、その上で「欣求浄土」、阿弥陀仏の浄土の素晴らしさが説かれ、そこに生まれるための実践法が説かれています。

「……さらにまた、獄卒は地獄に身を沈める者を拉致し来たり、刀身のように鋭く尖った葉の群がる林の中に置く。その樹の頂を見やると、顔立ちの整った、美しく装いを凝らした女がいる。それを見るや罪人は我を忘れて、すぐさまその樹に登ろうとするが、樹の葉は刃のようにたちまち肉を割《さ》き筋を裂く。こうして満身これ膾《なます》のごとく切り裂かれ、ようやく登り終わってくだんの女はと見れば、いつの間にやら地上にいて、嫣然《えんぜん》と秋波を送るのだ。

「あなたを一途《いちず》に慕うのあまり、わたしはここへ下りて来ましたのに。あなたはどうして、わたしのそばへはいらっしゃらないの。なぜ、抱いてはくださらないの」

罪人はこれを目にするや、欲情の炎《ほむら》に身をよじり、ふたたび樹を伝って下り始めるが、刃のような葉はことごとく上を向き、さながら鋭利な剃刀《かみそり》のようである。罪人、からだじゅういたるところを切り裂くも、ようやく地上に下り立つや、女はまたも樹上にある。罪人これを見て、再三再四、女を追うの愚を繰り返す。こうして百千億年の長きにわたり、みずからが作り出した妄執の虜となり、おのれの心に誑かされ、この地獄の中で、果てない堂々めぐりにうつつを抜かし、このように身を焼かれるに至るのは、これみなひとえに

邪欲の念のいたすところなのだ。」（『往生要集』衆合地獄、川崎庸之・秋山虔・土田直鎮訳）

これは、古代インドのナーガールジュナ（龍樹）が親しい南インドの王のためにしるした書簡形式の教え『友への手紙（勧誡王頌）』で取った方法で、『往生要集』に長文の引用が見られます（『龍樹菩薩為禅陀迦王説法要偈』という題で引用）。

『往生要集』は、集まって念仏を唱え、また誰かが亡くなるときはそのサポートをするという互助的な念仏講のマニュアルとして書かれたものです。当初は僧や貴族が中心だったかもしれませんが、比叡山や高野山の別所《べっしょ》や大阪四天王寺や長野善光寺などを拠点とする聖《ひじり》たちによって、全国各地で念仏講が組織されました。江戸時代にはいると、キリシタン禁制の関係でどこか特定の宗派の寺院の檀家となることが義務づけられるようになりましたが、その後も念仏講は続き、比較的最近まで残っていました。今も活動しているところもあります。

法然や親鸞も、このような流れから登場しました。

七福神の乗る宝船

2 神仏習合と中世の文化

†伝統仏教の性格と神仏習合

伝統的な仏教は一律の教えではなく、その基礎の部分は他宗教と共通したものです（空海の十住心を参照）。神仏習合が起きるのはそのためで、神仏習合を、日本に入ってきた仏教が、日本の宗教の影響を受けて変質してしまったものと考えてはいけません。

仏教には、その土地の宗教と結びついて、その地に根を下ろす性格があります。そのことをよく示しているのが、七福神です。

お正月の七福神めぐりや、枕の下に七福神の乗った宝船の絵を入れるとよい初夢を見ることができるといわれていますが、その出身地はバラバラです。

弁財天や帝釈天《たいしゃくてん》はインドの神で、福禄寿《ふくろくじゅ》や寿老人《じゅろうじん》は中国の仙人です。恵比寿《えびす》は日本の神さまです（大黒天もインドの神ですが、日本のオオクニヌシの大国を音読みすると「ダイコク」になるため、オオクニヌシの姿であらわされることが多いです。布袋《ほてい》は中国の不思議な僧で弥勒《みろく》菩薩の化身ともいわれています。七人がそろい固定化したのは江戸時代だと考えられています）。

仏教がインドにあったときは、インドの宗教と結びついて根を下ろし、弁財天や毘沙門天のようなインドの神々が仏教に取り入れられます。その仏教が中国に伝わると、取り込まれたインドの神々の信仰も一緒に伝わり、そこでまた中国の宗教と結びついて根を下ろし、福禄寿や寿老人のような中国の仙人の信仰が取り込まれます。さらに仏教が日本に伝わると、仏教と共にインドの神さまの信仰、中国の仙人の信仰も一緒に伝わり、日本の信仰と結びついて根を下ろし、恵比寿のような日本の神信仰が仏教に取り込まれます。そのようにして、出身地の異なる神々が、七福神としてセットになったのです。

†中世の「芸道」

大半の人は、自分の物の見方が間違っているとか、それを変えなければならないと思ってはいないので、多くの人に当面役立つ教えは、仏教・非仏教共通の段階でした。

中世の文化は神仏習合を基盤としており、そこから「芸道」と総称される様々な文化のジャンルが生まれました。

現在も続いているものでいうと、生《い》け花《ばな》やお茶のお稽古が、中世の芸道が今も残っているものです。

生け花やお茶のお稽古では、特定の流派の先生に弟子入りして習い、一人前になるとお免状をもらって、今度は自分が先生として弟子をとることを許されますが、これは伝統的な仏教の学習法をモデルとしたものです。

仏教では、教えの核心は言葉で伝えることのできないものとされています。教えの言葉は、それにたどり着くための手がかり、ヒントのようなもので、それを手がかりに自分でその境地にたどり着く必要があります（伝統的には教えの言葉を「月をさす指」と呼んでいます。指を見るのではなく、その指を手がかりに、月を見つける必要があります）。

聞《もん》・思《し》・修《しゅう》というのが伝統的な仏教の学習法で、まず師から教えを受け（ヒントを貰い）、それを手がかりに考えて言葉を超えた境地を見つけ（ヒントから正解、指からその指がさす月にたどりつき）、それができたら、その境地を繰り返し反復することによって、心を慣らしていく必要があるとされます。

ヒントを授けてくれる先生の条件としては、その先生がすでに正解にたどりついている必要があり、その先生もさらにその先生から教えを受け……遡ると、さとりを開いた釈尊にたどり着くとされていました。ですので、師から弟子への教えの系譜（「血脈《けちみゃく》」）が重視され、弟子が言葉を超えた境地にたどり着いたことを師が認めると、教えを説くことがゆるされました（真言宗では伝法灌頂《でんぽうかんじょう》、臨済宗では見性《けんしょう》、浄土真宗では他力の信の獲得と呼ばれています）。

このような仏教の学習法が、「芸道」の学習のモデルとなっています。

形式的には、主に仏教に基づいていますが、その内容をよく見ると、仏教が伝わる以前の信仰の要素が仏教に取り込まれ、吸収されて消えてしまうのではなく、生き続けて力を持ち、むしろそれが原動力となって、諸芸道を生み出していることがわかります。いくつかの例を見てみましょう。

。生け花

仏教が伝わる前の信仰では、花は神の象徴とされていました（神が宿る依代《よりしろ》。手に持って舞ったり、髪にさすことで神が憑依するともされています）。鮮やかな色で咲き、すぐ散ってしまう花の特性が、神の出現に似ているためです。冬でも葉を落とさない常緑樹（榊《さかき》や松、杉など）が神の象徴とされることもありました。

仏教がはいってくるとそれらは仏教に取り込まれ、仏に花などを供養するようになりました。上下関係といっていいかもしれません。

その仏に供養する花（「供花《くげ》」）を発達させて生け花の源流（「立花《りっか》」といいます）を打ち立てたのが、京都の中心にある六角堂の池坊という僧侶でした。池坊流が生け花の最古の流派で、現在でも池坊流の本拠地は六角堂にあり、宗家は僧となる伝統が続いています。

立花（池坊流）

◦茶道

お茶を飲む習慣自体は、粗食によるビタミン不足を補う健康法として、中国から禅とともに伝わりました

磐座（弥山・宮島）

（栄西に『喫茶養生記』という著作があります）。
しかし、主がお茶をたてて客がそれをいただく作法には、すでに紹介したように、神を迎え、もてなす仏教以前のまつりのやり方が息づいています。

◦作庭（日本庭園の造園）

日本庭園は、西洋の庭園のような人工的なものではなく、入り組んだ池のまわりの線や木々、庭石などが、自然を感じさせるものになっています。

作庭の理論書『作庭記』を見ると庭石を「石の乞《こ》はんに従ひて」（石の気持ちを実現するように）立てるべきことが説かれています。庭の風景は自然を模していますが、自然の意思をかなえてあげることで、実際の自然の風景よりも素晴らしいものができると主張しています。

逆に、石の立て方を誤ってしまうと、その石が祟りをなす、あるいはそこから魔物が侵入してきて、その場が人の住むことできない場所になってしまうと説かれています。

それは庭と庭石が、仏教以前のまつりの場とそこにある磐座《いわくら》（そこから神がこの世に出現する岩）に起源があるためです。

それが仏教に取り入れられ、その時代時代に、神仙思想や浄土信仰、禅のさとりなどと結びつけられて、さまざまに説明されてきました。

現在でも、京都の寺院の庭の絶妙な庭石の配置は、国の内外から多くの観光客を呼んでいますが、そのバランスは石の意思を実現し、祟りをなさないための工夫なのです。『作庭記』の記事は、庭石がまつりの場の磐座に起源があることを、庭師自身が自覚していたことを示しています。

◦能楽

能は室町時代初めに、大寺社の宗教芸能をおこなう座のメンバーだった観阿弥《かんあみ》・世阿弥《ぜあみ》父子が京都に進出して観客の前で演じて成功し、大成されました。旅の僧の前に霊が姿を現す夢幻能の様式は、世阿弥によって生み出されたものです。

その起源を遡ると、古代に大寺院でおこなわれた修正会《しゅしょうえ》・修二会《しゅにえ》と呼ばれる新年ないし

世阿弥以前の様式を残す能『葵上』（文挙による浮世絵）

新春の行事にたどりつきます（旧暦の正月におこなわれる場合を修正会、二月におこなわれる場合を修二会といいます。東大寺のお水取りは、今も続く東大寺二月堂の修二会です）。

そこでは一年の天下泰平が祈念されますが、それを望まない悪しき霊的なものが法要を妨害しようとすると考えられていました。その対策として、呪師《しゅし》と呼ばれる役割の僧がいて、仏教の守護神を呼び出して、霊を撃退しました（東大寺のお水取りでは現在もおこなわれています）。

それは普通の人の目に見えませんが、平安時代終わりになると、中国から宮中に伝わった魔を払う行事「追儺《ついな》」を取り入れて、守護神が鬼を払うさまを演じるようになりました。追儺が民間に広まったのが、節分の豆まきです。能は仮面を用いる仮面劇で、豆まきも鬼のお面をつけるのは、両者の関係を示しています。

それが発達して宗教劇として大寺社でおこなわれるようになりました。奈良・興福寺の薪能《たきぎのう》（古くは薪猿楽《さるがく》といいました）は、それが現在まで続くものです。そうなると僧侶が演じることは不可能で、大寺社に服属する芸人集団（座）がそれをおこなうようになりました。切能と呼ばれている鬼退治の能が、世阿弥以前からおこなわれていた古い様式です。

そこでは、守護神が鬼を追う追儺が発展した、地獄の獄卒が地獄に落ちた亡者を責め立てるさまなどが演じられ、芸人集団としては、追う側を演じることは特権、誇りと感じられるものだったでしょう（世阿弥は『風姿花伝』第四神儀で、聖徳太子の命で秦河勝《はたのかわかつ》が演じたのが日本における能の始まりで、秦河勝は仏教の守護神である毘沙門天の化身であり、その子孫が最古の流派である金春《こんぱる》流であると説いています）。

しかし世阿弥は、仏教の守護神の流れを汲む追う鬼の演技は観客の共感を呼ばないと切り捨て、亡霊の思いに焦点を当てた夢幻能の様式と、それを演じるための体系的な稽古論をつくりあげます。

大寺院の修正会・修二会でおこなわれる鬼を払うことや、それが発達した宗教劇には、仏教以前からのローカルな神々の大寺社への服従という要素が隠れており、世阿弥は逆に退治される側に焦点をあてることで、能を確立したのです。

†「日本は神の国」

。中世の学問のあり方

中世には、学問も、このような諸芸道と同じ学習法がとられていました。仏教の学習法と同様に、それぞれの解釈を伝える流派があり、弟子入りして解釈を習いました。一人前と認められると秘伝を授かり、弟子をとることが許されます。密教の灌頂にならって、柿本人麻呂を本尊とする和歌灌頂などもおこなわれました。

戦国時代の武将に興味のある人は「古今《こきん》伝授」という言葉を聞いたことがあるかもしれません。これは『古今和歌集』の解釈における秘伝の継承です。関ヶ原の戦いの直前、細川幽斎が石田光成側に包囲され、幽斎が討死してしまうと、幽斎が継承している古今伝授が失われてしまうため、後陽成天皇が命じて、城の包囲を解除させました。

このような学習法が変わっていくのは、江戸時代にはいってからです。

。神道（中世神道）

そのような古典の学習法で、『日本書紀』の講読もおこなわれていましたし、『古今和歌集』や『伊勢物語』などの解釈のなかにも、神々の物語が取り入れられていました。神道もこのようななかから成立したのであり、仏教色の濃いものの方が古く、仏教色のない神道は、後にそこから仏教色を排して生まれたものです。

古典解釈のなかで説かれていた例を紹介しましょう。『古事記』や『日本書紀』の冒頭では、イザナギ・イザナミの国産みが語られています。太古、日本は泥海で、それを夫婦の神が天逆矛《さかほこ》でかき回し、それを引き上げた滴りが日本列島となったとされています。中世にはその天逆矛は実は密教の法具の独鈷であり、そのため日本（本州）は独鈷の形をしている、と説明されました。また、そのかきまぜた海の底には大日如来を象徴する大日の印文があり、そのため大日本国という名称になった、とも説明されました。このようなものが、古典解釈における「秘伝」です。

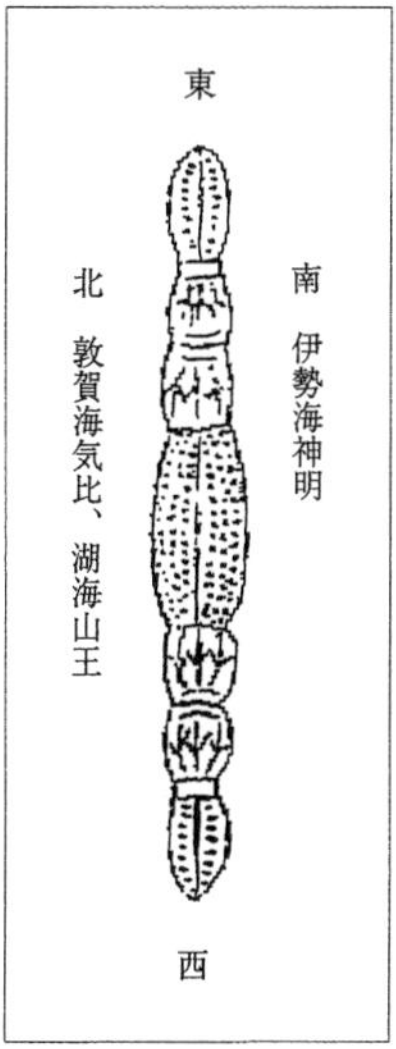

独鈷の形をした日本図

中世の神道書『大和葛城宝山記』には、仏教に取り込まれたインドの創生神話が取り入れられていることが指摘されています。

「聞くところによると、天地の成立は、水の気が変化して天地となったのだという。十方の風が吹いて相互にぶつかりあって、大水を保持することができた。水上に神聖《かみ》が化生して、千の頭と二千の手足があった。常住慈悲神王と名づけ、違細（註・ヴィシュヌ神）という。この人神の臍の中に、千の花弁の金色の妙宝蓮華が出た。その光は非常に明るく、万の月が一緒に照らすようであった。花の中に人神が結跏趺坐していた。この人神もまた無量の光明があり、梵天王という名であった。この梵天王の心（臓）から八人の子供が生まれ、八人の子供から天地人民が生まれた。これを天神といい、また天帝の祖神と称する。」（末木文美士『中世の神と仏』の現代語訳）

仏教の世界観は、古代インドの世界観を取り入れたものです。人間の身体も世界も五つの元素（地・水・火・風・空。この場合の「空」は『般若心経』などの空ではなく、空間という意味です）で成り立っており、そのバランスが崩れると病気になったり自然災害がおこると考えられていました。インドの伝統医学アーユルヴェーダには、今もこの考えが受け継がれています。

空間に風の力によって水が集まってきて、それが下から熱せられ、上部に土が集まった（水の底に土がたまりそうな気がしますが、牛乳を熱した時に上に皮膜ができるようなイメージなのかもしれません）。お寺の五輪塔は、この世界の形成を表わしたもので、上下が逆になっていて、上から空・風・火・水・地を象徴しています。

インドの神話では、水上にヴィシュヌ神が生まれ、さらにその臍から咲いた蓮の花のなかに梵天王が生まれ、その心臓から八人の子供が生まれ、そこから天地人民が生まれたと

五輪塔

していますが、それが神道の中に取り入れられているのです。

・「日本は神の国」

以前、当時の総理大臣が「日本は神の国」だと発言して問題となり、辞職に追い込まれたことがありました。アメリカとの戦争において「日本は神の国」であり、危機が起きると神風が吹いて日本は勝利する、と宣伝されたからです。

この「日本は神の国」というのも、神仏分離がおこなわれた明治以降と中世では、かなり意味合いが違うものでした。

中世では多くの場合、「粟散辺土《ぞくさんへんど》なれども神の国」、仏教の世界観では世界の中心に須弥《しゅみ》山《せん》、その東西南北に大陸があり、それを海が取り囲むとされており、そのような仏教的世界観では、日本という国は中心から遠く離れた、海の中の粟粒のような島国でしかないが、仏教が盛んなのは、神々によって守護されている国だからだというのです。

神風というのは、鎌倉時代、モンゴル・高麗連合軍が二度にわたって九州に襲来して、二度とも暴風雨が吹き荒れて撃退されたことに由来します（文永・弘安の役）。

中世の石清水八幡宮の史料には、現在の私たちがイメージするものとはずいぶん違うことが語られています（『八幡愚童記』）。
弘安の役《えき》の際、石清水八幡宮で京都・奈良の僧たちが集まって外敵を撃退する祈祷をおこない、叡尊《えいそん》が愛染明王《あいぜんみょうおう》（恐ろしい顔をし、たくさんの手に武器などを持った密教の仏）の修法をおこなったところ、手のひとつが持つ矢が光となって西に飛び去り、後で聞くと、ちょうどその時刻に九州で暴風雨が吹き荒れて、敵船が撃退されていた、としるされています。

叡尊は鎌倉時代を代表する高僧で、文永の役の際も大阪の四天王寺で祈禱をおこなっています。

八幡は日本を守護する神で、「八幡大菩薩」とも呼ばれたように、仏教との関わりが深い神でした。聖武天皇が奈良の大仏を造る際に、それに協力するため九州から奈良にやってきたと言われています。

日本を守るためには、敵の命を奪うことが避けられません。その罪を償うため、八幡宮では大勢の僧が毎日経を読み（大般若経の転読）、仏教で殺生の罪をあがなうものとされている放生がおこなわれていました。

明治にはいり、神仏分離がおこなわれ、石清水八幡宮や鎌倉の鶴岡八幡宮などでは、仏教系の建物はすべて取り壊され、大勢いた僧もいなくなり、読経もおこなわれなくなりました。

アメリカとの戦争に突入し、「日本は神の国」で、いざとなったら神風が吹く、と宣伝されたのですが……、神風は吹きませんでした。

第三章

新しい知の到来——近世・近代

中世の宗教と文化のあり方に変化が訪れるのが、近世、近代です。それには中国の儒教や、西洋のキリスト教とそれに基づく西洋の文化の影響が考えられます。

1 中世から近世への転換

†中国の儒教

中国には古くから、皇帝が天をまつり、天が皇帝に地上の統治を命ずる（「天命」）という考えがありました。古代の遺跡からは祭祀に使われた様々な遺物が見つかっています。皇帝の統治が悪いと、天は別の者に天命を下し、王朝が交代すると考えられていました。それが天命が革《あらた》まる＝「革命」という言葉の語源です。

周王朝が弱体化した際、多数の政治思想家が登場しました。諸子《しょし》百家《ひゃっか》といい、法による厳しい統制を説く韓非子（法家）や、政治に関わることを避け、自然の中で修行することを説く老子や荘子（道家）、戦略を説く孫子（兵家）など、さまざまな説を唱えました。

周の礼を理想とし、法で人を縛るのではなく、礼によって人の心をよい方向に変えることで、安定した社会が実現することを説いたのが、儒家の孔子です。

「子曰く、之《これ》を道《みちび》くに政を以てし、之を斉《ととの》うるに刑を以てすれば、民免《まぬか》れて恥無し。之を道くに徳を以てし、之を斉うるに礼を以てすれば、恥有りて且つ格《ただ》し。」(『論語』為政篇)

その教え(儒教)を理論化したのが、宋の時代の朱熹《しゅき》(朱子。一一三〇~一二〇〇)です。彼は孔子の言行録『論語』と孟子の『孟子』に加えて、古い『礼記《らいき》』の一部を『大学』『中庸』として独立させ(四書)、詳細な註釈を加えました。その教えを朱子学と呼びますが、これは日本の学者がそう呼び始めたので、中国にはそういう呼び方はないようです(便宜上、ここでは朱子学という表現を使います)。

朱熹は、すべての物は目に見える気の働きと目に見えない理の働きからなると説き(理気二元論)、気の働きを通じて理を明らかにすべきこと(窮理)を説きました。当時の宋では政治に関わる士大夫層に仏教の禅が浸透し、朱熹はそれに危機感を覚え、地獄や極楽や生まれ変わりなど、ありもしないことを説く仏教は迷信であると批判しました(排仏論)。

中国では試験による官僚採用制度(科挙)がおこなわれ、朱子学がその試験科目となり

（正確には、四書が試験科目となり、朱熹の解釈がスタンダードなものとされた）、朱子の教えを学んだものが政治をおこなうため、朱子学は中国とその周辺諸国で大きな政治的影響力を持ちました。朝鮮では、朱子学を信奉する王によって、たびたび仏教弾圧がおこなわれたほどでした。

儒教は仏教とほぼ同じ頃に日本に伝わったのですが（『日本書紀』は五一三年の伝来を記します）、仏教の包括的な姿勢もあり、儒教の独自性はさほど目立ちませんでした。朱子学すら、中世の日本では仏教寺院（京都や鎌倉の五山など）で学ばれていたほどです。

それが大きく変わるのが、江戸時代にはいってです。儒者が急に仏教批判を始めました。和辻哲郎は『日本倫理思想史』で、その急な変化を、安土桃山時代にはいってきたキリスト教の刺激によるものではないかと推測しています。

キリスト教は禁止され、厳しく弾圧されたこともあって、残された史料はわずかだったのですが、ヨーロッパの図書館などで見つかった日本を訪れたキリスト教の宣教師の報告書や手紙が紹介され、徐々に実態がわかってきました。日本で伴天連《バテレン》追放令が出されたあとも中国ではキリスト教の紹介が続けられ、それが東アジアの思想状況に変化を与えたことも見えてきました。

†キリスト教伝来前夜――戦国仏教（法華宗・一向宗）の台頭

キリスト教の伝来に触れる前に、直前の日本の宗教状況について簡単に触れておきます。応仁の乱のあと、日本は戦国の世を迎えました。政治勢力として力を持つようになっていったのが、法華宗《ほっけ》（今の日蓮宗）や一向宗《いっこう》（今の浄土真宗）です。研究者は戦国仏教という呼び方をしています。

日蓮（一二二二～一二八二）は、為政者が正しい教え（日蓮は『法華経』こそが正しい教えと考えていました）に従っていないため、善神が日本を去り、このままでは自然災害や外国勢力の侵攻が起きると説いて、為政者に正しい教えに従うことを訴え、弾圧を受けました。その後、その教えは力を持つようになってきた京都の町衆たちによって支持されました。

一向宗は、中興の祖とされる蓮如《れんにょ》（一四一五～一四九九）が各地の道場を拠点に積極的に教えを広め、急速に勢力を拡大し、地域によっては守護と対立するほどになりました。京都の町衆たちは、京都の南にあった山科《やましな》本願寺を拠点とした一向宗への警戒から、法華宗の寺院を中心に結束しました。

◦**寛正の法難**（一四六五）

蓮如の積極的な教化に危機感を抱いた比叡山が、親鸞の廟所《びょうしょ》に建てられた大谷本願寺を襲撃しました。この時本願寺の門徒が防戦したのが、一向一揆のはじまりとされています。

◦**山科本願寺焼き討ち**（一五三二）

細川晴元が熱心な法華宗徒だった家臣の三好元長の台頭に対して、一向宗に働きかけて蜂起させ、三好元長を討ち取りました。しかし、今度は一向宗の勢力拡大を脅威に思い、法華宗と結んで六角定頼と共に、山科本願寺を焼き討ちしました。一向宗は、大坂御坊（石山本願寺。現在の大阪城の地）に拠点を移しました。

◦**天文法華の乱**（一五三六、日蓮宗では「天文法難」）

上京した下総国茂原《もばら》の法華宗門徒、松本新左衛門尉が、一条烏丸《からすま》の観音堂で比叡山の華《け》王房《おうぼう》が日蓮の批判をしているのを聞いて反論、論破しました。比叡山では、法華宗を洛中から追放することを決議、六角定頼が仲介にはいったのですが、業を煮やして比叡山に加担して京都各所に火を放ち、法華宗本山二一寺はすべて炎上、法華宗の拠点だった下京はことごとく焼失、上京も三分の一が焼けました。

このような状況のなか、日本にキリスト教が伝わりました。

キリスト教の伝来

ヨーロッパで宗教改革がおこり、カトリックの側は新たな地への布教を試みました。日本にキリスト教を伝えたフランシスコ・ザビエル（一五〇六～一五五二）は、カトリックのイエズス会の創設メンバーの一人です。彼はインドで日本人と出会って日本への布教を志し、鹿児島に上陸しました。

フランシスコ・ザビエル

ザビエルは京都に上り、天皇と面会して布教の許可を得ようとし、比叡山との宗教論争も望んだのですが、当時の日本は戦乱の世で、どちらも実現しませんでした。

ザビエルは日本への中国の文化的影響力の大きさを知り、日本への布教にはまず中国への布教が必要と考え、中国にわたる途中に病気で亡くなりました。

ザビエルは日本人の資質を高く評価して、日本をキリスト教にふさわしい土地と考えていましたが、その布教方針を大きく変えたのが、第三代日本布教長となったカブラルです。彼は日本人信者が教会を乗っ取るのではないかと警戒し、日本人に教えを説くことも宣教師が日本語を学習する必要もなく、大名たちを改宗させれば、その影響で領民もキリスト教徒になると考えました。その結果、九州各地にキリシタン大名が誕生しましたが、その多くはヨーロッパとの貿易による利益を期待しての改宗で、キリスト教を心から信じたわけではなかったので、それがのちにキリスト教が禁止された際に、大きな政治的混乱を生まなかった理由となりました。

一方、京都で活動した宣教師オルガンティーノは、ザビエル以来の方針を受け継ぎ、織田信長から信頼され、京都の民衆にも親しまれて、心からキリスト教を信じる高山右近のような大名も生まれました。

この布教方針をめぐる対立は、巡察使ヴァリニャーノが日本を訪れて、カブラルの方針を否定し、日本の社会状況や生活を理解し、日本人社会に適応した布教方針をとることで決着しました。

†宣教師の目に映った日本の仏教

キリスト教の宣教師たちの記した日本の仏教についての記述（『イエズス会日本書簡集』所収）から、当時の日本仏教の状況や、宣教師たちがそれをどう捉えていたかもわかります。

まず、仏教には釈尊を信じる宗派と阿弥陀仏を信じる宗派とがあり、それぞれ、他の仏も認め信仰する宗派と、釈尊や阿弥陀仏のみを信じ、他の仏は認めない宗派があると記しています。後者が法華宗と一向宗です。

「この国には多くの種類の偶像崇拝があります。ある者たちは釈迦と称する偶像を崇拝しています。この者は女から生まれる以前に八〇〇回生まれたと言われ、また聖者となるためその母から生まれる前千年間、人間に奉仕し、薪水やその他の人に役立つ物を運んだと言われています。この者は過去の教えを解明したと言われているために、彼らが崇拝する最高の偶像です。この者のみを崇拝する者たちがおり、法華宗と呼ばれております。他にもその他のすべての偶像とを崇拝する者がおります。」

「他の者たちは阿弥陀と称する別の偶像を崇拝しています。……彼等がいかなる悪人であろうとも、彼らが救われるための大きな救済を彼等に残したと彼自身が語った、と言われています。そして、死を迎える時に強い心をもって阿弥陀仏の御名を呼ぶ者は、誰でも、救われるであろうということです。善人も悪人もこの宗派が非常に分かりやすいため救われると思っていますので、極めて多数の者がこれを信じています。この人びとの中にも二種類あり、ある人びとはこれだけを崇拝して一向宗と称し、他の者たちはこれと他の偶像を礼拝しています。」

後者について、カブラルやヴァリニャーノは、マルチン・ルターの説と同じと評していますが、日本への布教をおこなっていたのはカトリックの側であり、決して肯定的な評価でないことは注意する必要があります。

「この宗派（註・一向宗）はルーテルの宗派に似て、救われるためには阿弥陀の名を称えるだけでよい。その行に依って己を救おうとすることは阿弥陀を侮辱するもので、ただ阿弥陀の功徳だけを頼りとすべきと説いている。」（フランシスコ・カブラル書簡、「耶蘇会士書簡集」『長崎県史』史料編第三）

「日本人の最大の歓心を得て、自らの宗派がもっとも多く迎えられる為に、彼等（仏僧）は、阿弥陀や釈迦が、人々に対していかに大いなる慈愛を示したかを強調し、救済は容易なことであるとし、いかに罪を犯そうとも、阿弥陀や釈迦の名を唱え、その功徳を確信しさえすれば、その罪はことごとく浄められる。したがってその他の贖罪等はなんらする必要がない。それは阿弥陀や釈迦が人間の為に行なった贖罪を侮辱することになると説いている。これはまさしくルーテルの説と同じである。」（ヴァリニャーノ『日本巡察記』東洋文庫）

しかし、法華宗や一向宗の門徒は信心深く、改宗に成功すれば、熱心にキリスト教を広めるようになると考えられていたようです。

少々ショッキングなのは、キリスト教徒が仏や神の絵や像を破壊すると非難された際、それは宣教師の指示によるものではなく、一部の人間の暴走によるものであるとしたうえで、「この様なことはキリシタンだけについて責められるべきものではなく、他の異教徒たちも同様のことをしている。殊に一向宗は、広く知られている如く、偶像を激しい怒りをもって打ち毀している」と弁解していることです。

地方史などを見ると、他宗派の寺院について、一向宗に襲撃されたという記述を見ることがありますが、阿弥陀仏のみに帰依することと、他の仏を否定し、仏像を破壊することは本来まったく別のことで、これは正しい信仰からの逸脱と言わざるを得ないでしょう。神祇《じんぎ》不拝《ふはい》についても、親鸞自身は、神の存在や信仰を否定するのではなく、阿弥陀仏の周りには神々がいるのだから、阿弥陀仏だけを拝めば、神々の加護も得られるのであり、別に神々を拝む必要はないと説いています。

宣教師たちが高く評価し、論争対象と考えていたのは、禅宗です。これはイエズス会が瞑想をおこなう（イグナチオ・デ・ロヨラ『霊操』岩波文庫）ことも関係しているかもしれません。

「これらの人びと（註・禅僧）は偉大な瞑想家です。この理由により、当地方へ来る予定のパードレ達は彼等をその誤謬から解き放ち、また彼等を論破するために学識をそなえていることが必要です。」（コスメ・デ・トレルス書簡『イエズス会日本書簡集』訳文篇之一（下））

実際、論争の記録を見ると、（キリスト教側の記録なので、キリスト教の勝利となってはいますが）さまざまな疑問を突きつけられていることがわかります。また、伝統仏教は輪廻を前提としていますが、当時の禅宗では人は死ねば無に帰すと考えており、その立場から魂の永遠や死後の救済を説くキリスト教を批判していることも、注目されます。

キリスト教の宣教師にとって、織田信長が比叡山を焼き討ちし、石山本願寺を攻めたことは好都合で、ルイス・フロイスは悪魔崇拝（仏教のことです）を絶滅させるための主デウスの巧みな御業《みわざ》とまで言っています。

「かつて大坂の街が、日本中で極悪の宗派の一つの本山であったように、主はこの街を福音の伝播のため、それにまったくふさわしい地として改造することを嘉《よみ》し給うたかのようである。すでにこの頃、五十名以上の者が受洗したが、彼らのほとんど全員が貴人たちであった。こうした恩寵のほか、大坂で人々が説教を聞きに参集したことは、都においても成果を齎《もたら》すに至り、地は頑なで不毛であり、日本における偶像の源泉でもあったが、説教を聞きに来る者が絶えず、各地から訪れ、幾人かは洗礼を受けるまでになった。」（フロイス『日本史』中公文庫）

「我らの主デウスは、日本における悪魔崇拝を消し、絶滅させるため、その無限の御摂理をもって、遠方より多くのことを命じ、処理して来られた。その方法は非常に巧みで適合していると同時に、あまりにも我らの予想外の方法なので、他のことで我らが同じ効果を、たとえお願いしたいと望んだとしても、デウスがお命じになるほど適切なものになることは不可能であった。というのは、キリシタンが特に介入し努力した訳でもなく、またイエズス会士が異教徒の憎悪を招くことなしに、我らの主デウスは信長をして仏僧たちへの鞭とし、比叡山の大学を含めた多数の寺院を破壊させ給うたが、これにより悪魔は倒され、信用を失った。」（ルイス・フロイス書簡、一五八五年八月二七日付。『イエズス会日本報告集』Ⅲ）

日本へのキリスト教布教は順調に行くように見えましたが、天正十五年（一五八七）、豊臣秀吉は突如、伴天連追放令を発令します。理由としては、日本人を奴隷として連れ去ってしまうことなどが挙げられ、領土的野心に対する警戒もあったといわれています。

南蛮貿易のためにキリスト教に接近していた大名も多かったと思われますが、キリスト教の布教を除外して交易のみを申し出るプロテスタント国のオランダの進出もあって、日本においてキリスト教は衰退し、鎖国へと向かっていきます（長崎でオランダとの交易は続けられました）。

†中国におけるキリスト教布教——マテオ・リッチ『天主実義』

日本でキリスト教が禁止されたあとも、中国における布教は続けられました。なかでも特筆すべきは、マテオ・リッチ（一五五二～一六一〇）の活動です。マテオ・リッチは日本を訪れたヴァリニャーノとも交流があり、土地の文化に合わせた布教を進めました。彼は儒服を着て中国名利瑪竇《りまとう》を名のり、天をまつる儒教の考えをキリスト教と一致するものとして、デウスを「天主」と訳し、儒教の祖先祭祀を受け入れ、霊魂観の異なるものとして、道教や仏教を批判しました（『天主実義』東洋文庫）。

中国の古代の聖典には天（上帝）をまつることや天命が下されることが説かれているが、

マテオ・リッチ（左）。右は協力者の徐光啓。

中国では仏教の流行によってすたれてしまっている。その天の信仰が伝わって盛んなのがヨーロッパだというスタンスで教えが説かれています。マテオ・リッチは中国の聖典の内容を検討して、キリスト教の教えに間違いないとし、また儒教は認めない死後の生については、仏教がキリスト教の教えを剽窃したものだと説いています。

また、マテオ・リッチは西洋の文化を紹介することにも務め、世界地図「坤輿《こんよ》万国《ばんこく》全《ぜん》図《ず》」は日本にも紹介されました。

このようなキリスト教への対抗策として、儒教や仏教は理論化を推し進め、その影響は

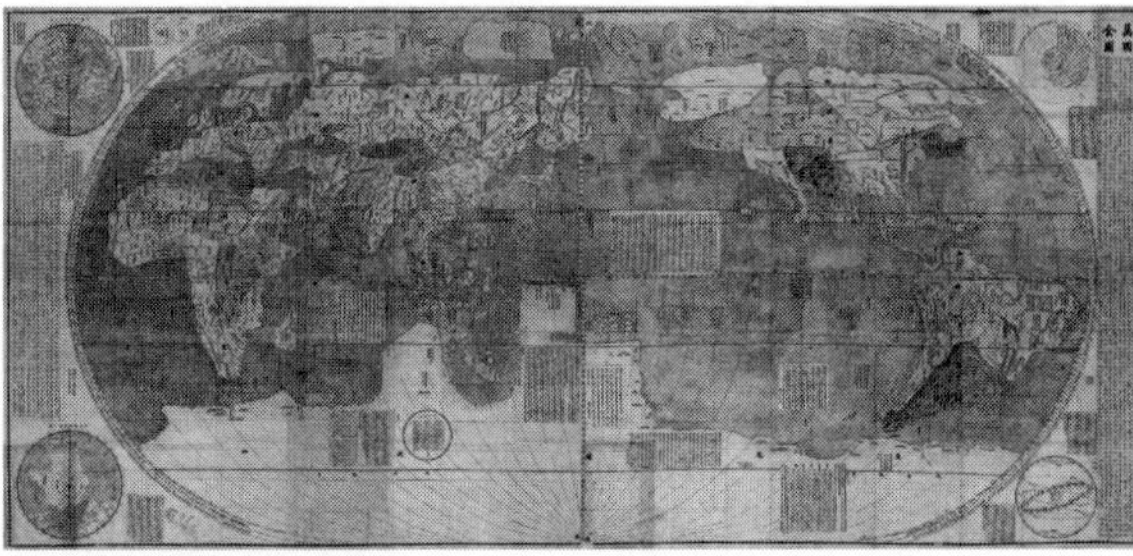

坤輿万国全図

中国だけでなく、朝鮮半島にもおよびました。

幕政に参与した朱子学者林羅山《はやしらざん》（一五八三～一六五七）も『天主実義』を読み、若き日にキリスト教の宣教師（後に棄教してキリスト教批判に転じる不干斎ファビアン）に論争を挑んでいます（林羅山は『排耶蘇』で自分の勝利としていますが、ファビアンの地球は丸いとする説やその論拠を見ると、教会が設けたセミナリオやコレジオの教育のレベルの高さが感じられます）。

†近世の思想状況

徳川幕府は朱子学を官学としたといわれますが、科挙はおこなわれず、戦闘員だった武士が官僚に横滑りしたため、その政治的影響力は他の東アジア諸国と比べ、限定的でした。

儒教についても、朱子学と対抗する陽明学や、朱熹の

『論語』解釈を批判して独自の註釈をおこなう伊藤仁斎（古学派）や荻生徂徠《おぎゅうそらい》（古文辞学派）も登場し、朱子学一辺倒にはなりませんでした。

孔子は周の礼の復興を望んだのですが、そもそも、日本には復興すべき周の礼が伝わっておらず、それを神道に置き替える儒家神道も登場しました。

江戸時代は木版技術が発達して、本が大量に印刷され、流通するようになり、お金を払いさえすれば誰もが自由に本を買って読むことができるようになりました。そのことを背景に、中世の学問のあり方を否定した国学も生まれました。

朱子学が日本の文化に与えたもっとも大きな影響は、現象を通じてその法則性を探る学問的な姿勢でしょう。仁斎や徂徠も、朱熹の解釈を批判しつつも、詳細な註釈をおこなっていますし、朱子学の理を追求する姿勢を批判する国学者の本居宣長も、すでにみた係り結びの法則や神の説明に見るように、たくさんの用例から法則を導きだしています。それは師に弟子入りして解釈を習うという中世の学問のあり方とは大きく異なるもので、長崎貿易を通じて伝わった新しい地理学や天文学の知見とともに、明治になって西洋の知を受容するうえでの基盤となったと考えられます。

仏教についても、宗派間の論争は禁じられましたが、学問は奨励されたので、資料的な制約のあるなかで梵語の研究をおこなった慈雲のような僧も登場しました。

東アジアの諸思想の動向の台風の目となったキリスト教が日本では禁止されていたため、ある意味主役不在の状態で、さまざまな思想が並立していたのが、近世の思想状況でした。

†平田篤胤の神道説と幕末におけるその影響

特異な神道説を唱えた国学者として、平田《ひらた》篤胤《あつたね》（一七七六〜一八四三）がいます。彼は実際には本居宣長から教えを受けてはいませんが、夢で亡くなった宣長に出会って弟子となることを許された「没後の門人」を自称しました。

その説は宣長とは大きく異なるもので、たとえば宣長はいいことをしようとわるいことをしようと関係なく、死ねば穢い黄泉国に行くしかないと考えていましたが、篤胤は死後の世界における大国主の裁きを説いています。

篤胤は、禁止されていたキリスト教関係の中国語の文献をひそかに読んでいて（『本教外篇』）その考えを取り入れ、日本の神こそが世界の創造主であると主張しました。地球は丸いという蘭学の知識も取り入れ、インドやヨーロッパ（実際には『旧約聖書』）には洪水神話が存在するが、日本にはないのは、日本は丸い地球の上に位置する国であり、下のインドやヨーロッパが水没した時に沈まなかったのだ、と説いています。日本の神が創造主なのですから、ヨーロッパも日本の神が作ったことになり、日本のイザナキ・イザナミの国産みの物語を踏まえ、ヨーロッパにはそれがアダムとエヴァとして伝わっている、と説いています（『霊能真柱』）。

このような日本の神こそが世界の創造主であるという説は、黒船が日本の近海に出没し、不安を抱いた人々に熱狂的に支持され、尊王攘夷運動の原動力となりました。

平田派の国学者は倒幕に協力しました。しかし倒幕の中心となった薩摩藩・長州藩はすでに攘夷を実行してヨーロッパの船を砲撃して反撃され、ヨーロッパの国々の軍事力を身にしみてわかっており、維新後は文明開化の政策をとり、平田派の期待は裏切られました。

2 明治維新から現代にいたるまで

†新たな「日本の伝統」の創造

明治政府は近代化を推し進める一方、その精神的支柱として神々とその子孫である天皇

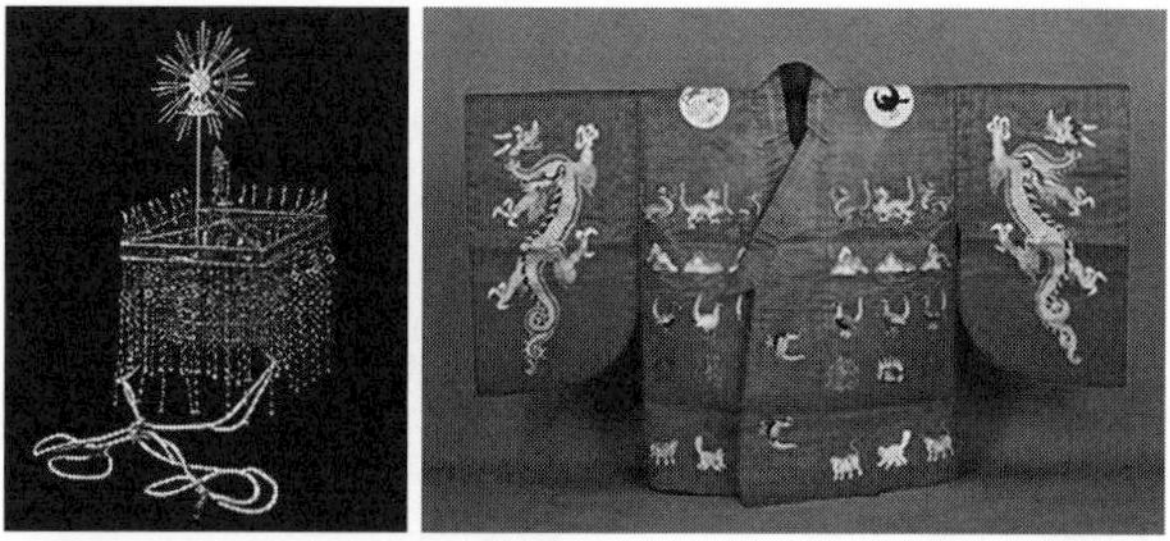

孝明天皇即位の際の冠と衣（皇室御物）

を位置づけました（国家神道）。

現在、私たちが「日本の伝統」と考えているものには、実は明治になって新たに創られたものも少なくありません。

神仏分離については本書の冒頭で紹介しましたが、天皇のあり方も前近代とは大きく変わっています。そもそも天皇制は古代の日本で、中国の皇帝制をモデルとして設けられたものです。その即位式は、皇帝を象徴する龍の縫い取りがされた衣を着け、黄金の冠をかぶる中国風なもので、現在の和風の衣冠束帯の即位式は、明治天皇の即位の際からのものです。

中世には仏教式の即位灌頂もおこなわれていましたし、亡くなると火葬されて菩提寺（京都の泉涌寺《せんにゅうじ》）に墓が建てられていました。

そもそも天皇は年をとると引退して上皇・法皇となるものでした。引退の理由としては、仙人を目指す（上皇の御所を仙洞《せんとう》御所と呼びます）、出家する（法皇）ために俗世を離れる

明治天皇

ということが挙げられ、天皇というと若い、というイメージでした。

明治初期に外国からの大使が謁見した明治天皇は、化粧をした姿でした。対外的イメージを考慮してそれは改められ、後年の明治天皇の肖像画は、髭をはやし、軍服を着たものになっています（多木浩二『天皇の肖像』）。これはドイツの皇帝がモデルとなっています。

神社の神前結婚式も、キリスト教の教会での結婚式をモデルにして、新たに始められたものです。皇太子（後の大正天皇）の結婚に際して始められました。

†日清戦争・日露戦争の勝利とその影響

近代化の大きなねらいのひとつが西洋式の軍隊を作ることだったことは、本書の冒頭で述べました。日本が日清戦争・日露戦争と、立て続けに対外戦で勝利をおさめたことは、世界に驚きをもってむかえられました。

大国ロシアの脅威を感じることの多い北欧やトルコでは、今でも対日感情がよいといわれています。

日本に負けた中国からも、近代化が遅れたから日本に負けたのだ、日本の近代化に学ぶべきと大勢の留学生が日本に来るほどでした。後に古書店街となった神田神保町《じんぼうちょう》は、当時の中国人留学生の街でした。

すでにヨーロッパ諸国の植民地となっていたアジアの国々からも、日本との連帯をはかる独立運動家があらわれました。

しかし、第一次大戦後、日本はヨーロッパの国々と、アジアにおける権益を互いに認め合うという方針を取り、彼らの期待は失望に変わりました。

†農村の疲弊

江戸時代というと、身分制があり、百姓一揆など、農民が差別、抑圧されていた、というイメージを持っている方もいると思いますが、実際には江戸時代には農村の基盤は強固で、それゆえ一揆も可能だったと思われます。

むしろ近代化にともない資本主義が農村に浸透するようになって、農村は弱体化し、冷害などが起こるたびに農村が崩壊して、娘の身売りや大都会への人口の流入がおきるようになりました。

柳田国男が民俗学を創始したのも、農政官僚として日本の農村の状況を見て、近代化の方向性に疑問を抱いたことがきっかけです。

宮沢賢治（一八九六〜一九三三）は東北の花巻で幻想的な詩や童話を書きましたが、それは農村の悲惨な状況を目の当たりにして、それから解放されたユートピアを夢想したものでした。童話『グスコーブドリの伝記』は、次のような作品です。

冷害による飢饉で両親を失い、妹とも別れ別れになったグスコーブドリは、工場に雇われますが、火山の噴火の影響で工場が閉鎖されるなど苦労します。しかし、学問の道にはいってイーハトーブ火山局の技師となり、噴火の被害の軽減や人工降雨を利用した施肥などを実現させ、妹とも再会できました。しかし、イーハトーブは再び深刻な冷害に見舞われ、火山を噴火させてその温室効果で飢饉を回避することを提案しますが、そのためにはだれか一人、火山に残らなければなりません。ブドリは自身が犠牲となることを決意し、島に残ります。作品は、「気候はぐんぐん暖かくなってきて、その秋はほぼ普通の作柄になりました。そしてちょうど、このお話のはじまりのようになるはずの、たくさんのブドリのおとうさんやおかあさんは、たくさんのブドリやネリといっしょに、その冬を暖かいたべものと、明るい薪《たきぎ》で楽しく暮らすことができたのでした」と締めくくられます（岩波文庫）。

†独創的な思想家たちの登場と敗戦

日本はアジアの権益をめぐって、欧米との対立を深めていきました。日本の方向性は、一方では西洋文明の限界を説き、これからはアジアの時代だと主張し、他方では、アジアのなかで唯一近代化に成功した日本こそがアジアの盟主にふさわしいと説く、ダブルスタンダードな矛盾をはらんだものでした。

しかし、そのようななかからも、近代的な教育を受け、西洋の知を十分学んだうえで単なる西洋の知の輸入紹介ではない、独自の思想を説く思想家たちも登場してきました。哲学の西田幾多郎、倫理学の和辻哲郎、美学の九鬼周造といった人たちです。彼らの思想は、今日の目からみても、評価されるべきもので、可能性を秘めています。

しかしアメリカとの戦争に突入し、敗戦したことによって、そのような方向性自体が全否定されることになりました。戦後の思想界をリードした丸山真男が理想としたのは、明治初めの福沢諭吉でした。

「天は人の上に人を造らず　人の下に人を造らずと云へり。」

『学問のすすめ』冒頭のこの有名な言葉の「天」とは、キリスト教の創造主のことです。神がすべてを創造されたのだから、人の間には本来的な差別はないはずだ、これは西洋の知のもっともよい受容の例といえるでしょう。

近代日本がたどってきた道を全否定してリセットし、新たに明治維新から再スタートするというのが、戦後目指された方向性でした。

日本の文化というだけで価値がないものとみなされてしまう、という時期がありました。戦後、大相撲が地方巡業にでかけても人が集まらず、力士たちが野球をすると「アメリカのベースボールだ」とようやく人が集まるようになった時代があったといいます。

国民全員が福沢諭吉のように西洋の知を体得することを目指す、という方向性もあるかもしれませんが、第一章で紹介した「当たり前」ということの違いを見ても、日本人全員が西洋的な考え方を身につける、というのは現実的でないように思います。一握りの知識人が大衆をリードするというあり方も、健全なものとは思われません。

これまで日本がたどってきた歩みを全否定するのではなく、それを見直し、価値があるものは受け継いでいく、というのが現実的な選択ではないかと思います。

本書では、ささやかですが、自分とは関係のない外の知識として歴史を学ぶのではなく、心の中の歴史を探る、ということを試みました。

最後に、近代思想家の読み直しの一例として、和辻哲郎とその業績について取り上げたいと思います。

†和辻倫理学を読み直す

和辻哲郎（一八八九〜一九六〇）は日本を代表する倫理学者、思想史家で、「人間」の学としての倫理学を提唱し、和辻倫理学と彼の名を冠して呼ばれています。日本の思想、文化に関する著作も多く、若き日に奈良の寺を巡り、仏像の美について熱く語った『古寺巡礼』は、今も読み継がれています。現在の兵庫県姫路市に生まれ、東京帝国大学を卒業し、西田幾多郎の招きによって、京都帝国大学の倫理学担当の教官（助教授）になりました。東京帝国大学に転任し、定年退官（一九四九）後、日本倫理学会を創設し、初代会長となりました。文化勲章を受章しています（一九五五）。

主要な著作としては、『ニイチェ研究』（一九一三）、『古寺巡礼』（一九一九。『初版古寺巡礼』ちくま学芸文庫）、『人間の学としての倫理学』（一九三四。岩波文庫）、『風土』（一九三五。岩波文庫）、『倫理学』（一九三七〜一九四九。岩波文庫）、『日本倫理思想史』（一九五二。岩波文庫）などがあります。

。初期の和辻哲郎——『ニイチェ研究』『古寺巡礼』『日本古代文化』

『ニイチェ研究』は、和辻自身が絶版にしたこともあって、和辻は伝統回帰し、後の研究とは連続性がないと見られがちです。これは、和辻の「人間の学」を、人間関係を重視した日本的な倫理学と捉えることと共に、和辻自身の考えとは大きく異なっています。伝統回帰したといわれる『古寺巡礼』は、あくまでも近代的な美的教育を受けたうえで、ギリシャの彫刻とは異なる仏像の美を語ったもので、そもそも伝統的には仏像は信仰の対象で、美的な鑑賞の対象でありません。

「この本尊の雄大で豊麗な、柔らかさと強さとの抱擁し合った、円満そのもののような美しい姿は、自分の目で見て感ずるほかに、何とも言いあらわしようのないものである。……ギリシア彫刻は人間の願望の最高の反映としての理想的な美しさを現わしているが、ここには彼岸の願望を反映する超絶的なある者が人の姿をかりて現われているのである。」

（『古寺巡礼』薬師寺金堂本尊薬師如来の描写）

和辻哲郎

和辻は、後に『人間の学としての倫理学』で西洋の道徳哲学を批判的に検討していますが、ニーチェの『悲劇の誕生』自体が、西洋の形而上学的伝統を批判的に相対化する意図のものでした。ニーチェは、ギリシア思想に、明るく理性的なアポロ的なものと、個を融合させるディオニュソス的なものの両面があったことを指摘していますが、後年の述懐によれば、後者の指摘は、後に「反キリスト」として展開したものにつながるものでした。

和辻は『人間の学としての倫理学』で、「人間」を個と全体の相互否定的関係、と捉えていますが、それはニーチェのアポロ的／ディオニュソス的という図式を受けついだものです。

和辻はその背後に、一神教の神ではなく、仏教の「空《くう》」を置きますが、和辻の「人間」を考えるうえで、このような理解に至った和辻の仏教理解（の深まり）について、あらかじめ抑えておく必要があります。

和辻が『古寺巡礼』で、法隆寺の柱のふくらみをギリシア神殿のエンタシスと結びつけて論じたことはよく知られています。和辻の日本文化理解は、純日本的なものを最高とするのではなく、異文化の刺激、緊張により高揚し、それが堕落し、再び刺激により高揚し……というものでした。

和辻は考古学的な史料や『古事記』『日本書紀』の神々の物語を題材にした『日本古代文化』（一九二〇）のあと、仏教の影響を受けた時代の研究にはいっていきましたが、その研究を中断します。その理由を論文集『日本精神史研究』（一九二六）の序文で次のような趣旨のことを語っています。

日本文化への仏教の影響を理解するには中国仏教、中国仏教を理解するにはインド仏教、さらにはその思想史的展開を踏まえる必要があるが、そのような研究は存在していなかったため、日本文化研究を一時中断し、仏教の思想史的研究に入る。

実際、『日本精神史研究』に収録された論文「沙門道元」を見ると、大作ではありますが、『正法眼蔵随聞記』などを題材に道元の伝記について詳しく紹介し、「道元の「真理」」と題された章にはいったところで終わっており、中断された論考であることをうかがわせます。

◦京都帝国大学での講義――仏教倫理思想史・倫理学概論・国民道徳論

和辻はそれを実行し、それが京都帝国大学時代の講義ノート（一九二五～二六）『仏教倫理思想史』として、和辻の没後、『和辻哲郎全集』に収録されています。

和辻は、当時のヨーロッパの仏教研究者が仏教の「無我」を虚無論的に捉え、それでは道徳が成り立たないので後に業論（因果応報の思想）が導入されたと考えていたのを批判し、伝統的理解では釈尊がさとりを開いた時の瞑想とされる十二支縁起を段階的に成立したものとして論じ、それが「無明《むみょう》」以上に遡らないのは、「無明」であると分かった時はすでに「明」であるからで、この「無明」即「明」の構造を大乗経典の「空《くう》」によってより高次から根拠づけたのが、古代インドのナーガールジュナ（龍樹）であるとしました。「空」に基づく倫理学は、ナーガールジュナが主著の『中論』二四章で、「空」を倫理否定の虚無論であるという論難に対し、「空」こそが倫理を成り立たせていると説いていることを踏まえたものです。

　このような和辻の仏教の「空」についての理解が、「人間」の学としての倫理学の背景にあります。

　有名な『人間の学としての倫理学』は、京都帝国大学での「倫理学概論」の講義をもとにしていますが、それは「国民道徳論」と並行して講義され、当初は同時に二冊刊行する計画のものでした（谷川徹三宛書簡）。

「倫理学概論」が岩波講座哲学の一冊「倫理学」（一九三一）として活字化され、さらに構成を変え書き改められた『人間の学としての倫理学』（一九三四）として広く読まれたのに対して、「国民道徳論」は一部が個別の論文などに転用されたのみで、和辻の生前、一冊にまとめられることはありませんでした。

第三次全集（一九八九～一九九二）において、単行本未収録論文や、講義ノートの未発表部分が収録されて、それらを繋ぎ合わせることで、全容を知ることができるようになりました。

その構成・内容と、全集との対応関係について紹介しておきます。

序論　国民道徳の意義
一　国民道徳の概念の多義　（↓「国民道徳論」全集二三）
二　「国民道徳」の意義の根本的区別　（↓同右）
三　「国民」の意義　（↓同右）
四　人間の全体性としての「国民」（↓「草稿（抄）」全集別巻一）
五　普遍的道徳と国民的道徳　（↓「普遍的道徳と国民的道徳」全集二三）
六　国民の特殊性と道徳　（↓「草稿（抄）」全集別巻一）
七　我国民の特殊性　（↓「国民道徳論」↓『風土』第三章二イ台風的性格　全集八）
八　全体性の自覚の特殊な仕方と道徳の自覚の特殊性　（↓同右）

第一章　現代日本と町人道徳
一　現代日本の二重的性格　（↓「草稿（抄）」全集別巻一）
二　現代日本の世界史的意義　（↓『続日本精神史研究』「現代日本と町人根性」全集四）
三　現代日本の資本主義化　（↓同右）
四　町人階級の勃興と発展　（↓同右）
五　町人根性　（↓右）
六　町人根性の転身　（↓同右）
七　個人主義と功利主義　（↓同右）
将来への展望　（草稿途絶↓改稿して「現代日本と町人根性」に）

和辻は「国民道徳論」講義で、西洋の道徳思想は個人道徳・普遍道徳だが、それは一神教の伝統から生まれたもので、道徳が神との関係になっていて、他の人との関係が問題になっていないとして相対化します。そして、キリスト教とは別の世界宗教である仏教の「空」を背景として、「人間」は個と全体の相互否定的関係（個であるときは全体を否定し、全体であるときは個を否定する）で、具体的ななすべきこと（当為）は時代・風土によって異なってくるとして、比較道徳思想史を構想しています。

『人間の学としての倫理学』は、このような問題意識にたって西洋の道徳思想を批判的に検討したもので、『風土』は、比較道徳思想史の基礎となる、比較風土論です。「国民道徳論」講義を踏まえないと、後期の代表的著作で和辻がなにをしようとしたのかを正しく捉えることはできません。

「国民道徳論」の講義ノートは、このような問題意識から、日本の道徳思想を近代から遡るかたちで論じ、近世の町人道徳（「町人根性」）を論じたところで終わっています。日本の道徳思想史の全体の構想の部分は、『風土』に転用され収録されています。


「教団としての結合を表現する尊皇心は、まさに第五の明治維新の動力であった。……また古代における貴さの自覚は、第四の戦国時代に民衆の中から涌き出た武士道として、特に顕著に姿を現わして来る。……さらに古代における人間の慈愛の尊重は、第三の鎌倉幕府の時代に、力強い鎌倉仏教の勃興において、慈悲の道徳として現われた。……慈愛の尊重と根を同じくする社会的正義の尊重は、第二の大化の改新において土地公有主義として現われている。」

「国民道徳論」が単行本化されなかったのは、何よりもその講義が未完のものだったからでしょう。

和辻はその後、「国民道徳論」講義ノートでは未完となっている部分について、個別の論文や単行本『尊皇思想とその伝統』(一九四三)を発表し、それらを基に『日本倫理思想史』を完成させました(個別の論文等との対応関係については岩波文庫の解説を参照)。しかし、日本文化研究を中断してまで仏教研究に深入りしたにもかかわらず、日本の仏教について論じた箇所はごくわずかです。

これが和辻の仏経理解や評価の変化によるものではないことは、最晩年に『仏教倫理思想史』の未発表部分を「仏教哲学の最初の展開」として雑誌に連載していたことからもわかります。

◦和辻倫理学を越えて

和辻が『日本倫理思想史』に仏教をうまく位置づけることのできなかった最大の理由は、和辻の(個と全体の相互否定的関係という)「人間」の理解が、最初の著作『ニイチェ研究』

で取り上げたアポロ的／ディオニュソス的という図式を引きずっていることにあると思います。

そのため、『日本古代文化』『尊皇思想とその伝統』などで取り上げた祭祀による全体性と、仏教の「空」が、個の否定として同じ位置づけになっていて、そのため、仏教がはいってきたことによる展開を論じることができなくなっているのです。和辻自身は若い時、日本文化史を異文化との接触による高揚と堕落としてとらえていたにもかかわらず、それを論じることができなくなっているのは、方法論的な問題のためだと考えられます。

祭祀による全体性は、同じ場にいる人の言葉を越えた一体感に基づくものです（もちろん、それが国家の儀礼などで、擬制的に拡大されることはあります）。

それに対し、仏教の「空」が理解、体験されるのは、心が対象を捉えない深い瞑想中においてです（瞑想を終えれば、感覚は再び対象を捉えるが、それ以前のような実体としては映らなくなるといわれています）。人との関係は、言葉を用いた対話でおこなわれます。

このふたつに違いがあるからこそ、古代国家の形成に仏教が必要とされたのです（第二章の聖徳太子の憲法十七条の解説を参照）。

†超越と日常

丸山真男が『日本の思想』で、日本思想における超越の不在（西洋思想の神のような超越がないため、議論が一貫性をもたないその場その場のものとなる）を批判したのに対し、湯浅泰雄は、それは丸山の専門である近世・近代について言えることで、中世はそうではなかったと批判しています。私もそう感じています。

一時、東北帝国大学で教鞭をとっていた哲学者のカール・レーヴィット（一八九七〜一九七三）が日本の学生を、一階と二階の間に梯子のない家に住んでいる、と評したことが知られています。二階には、プラトンからハイデガーに至るまでのヨーロッパの学問が並べられていて、学生はそれに基づいて議論を戦わせたりもしているが、それは一階の日常の生活や日本的な思考とつながりがない、というのです（『ヨーロッパのニヒリズム』筑摩書房）。

ただ、学生たちからすると、自分たちは近代という地平のうえで学問や議論をしていると信じて疑わず、自分のいるのが二階だという自覚はなかったのでは、と思います。

レーヴィットのたとえを借りるなら、本書では二階の下に一階があること、一階とのつながり、どう下りていくかについて語ってきました。

日本の神は、実際に私たちの生きている空間と密接に関わるもので、山上他界などといった抽象的な言葉で整理できるものではなく、日々生活する場で見えるあの山、あの海の向こうにあの世がある、というものでした。それはまつりだけでなく、日々の食事や、着る、住まうといった日常的な動作で、私たちの身体ともつながりを持つものでした。

今、日本が直面している最大の危機は、少子高齢化です。しかし、出産率の低下は大都市に見られるもので、伝統が生きている地域ではそうではないという指摘があります（福岡県の福岡市と宗像市の比較）。便利さを追求するあまり、生きている空間が子孫を残すことに不都合であると無意識的に感じられるものになっていることに、私たちは鈍感だったのです。

もちろん、生きられた空間だけで生活を完結させることはできませんし、閉ざされた空間では閉塞感が生じることもあります。それを補うのがインターネットで、世界のどの地域の人とも直接交流することが可能になっています。古代・中世の人々にとっては、その外の世界への開かれた通路が仏教でした。

生きられた空間の大切さを自覚することと、世界への開かれた通路の確保は、私たちの生活をより実りのあるものにするために、どちらも欠かすことのできないものです。

あとがき

本書は、私が「日本文化論」「日本思想史」「日本宗教史」などの題目でおこなってきた共通科目（昔の一般教養）の授業の内容をまとめたものです。毎年、少しずつですが内容を見直し、構成を改めたり説明や資料を加えたりして、よりわかりやすくすることに努めてきました。今回、こうやって形に残すことができ、うれしく思います。

コロナの流行により、一時、いくつかの大学での私の担当する授業もすべてリモートとなりました。当初は不要不急の外出の自粛が求められ、外に出るのは家の近所を散歩するくらいでした。その時、近所でも知らない道がけっこうあること、忙しさにまぎれて実際に歩いて触れることの意義を忘れていたことに気づきました。

一方、リモート授業の利点にもいろいろ気づきました。最近はパソコンを持っていない学生も多く、Wi-Fiに契約しておらず、授業が全部オンラインでおこなわれると、通信費の負担が大きくなるという報道をみて、自分の能力を考えず、動画を作成して学生が都合のよいときに視聴するオンデマンド形式を選択したため、はじめの年は、次から次へと締め切りが押し寄せ、大変な思いをしました。

しかし、授業内容は連続しているにもかかわらず、学生は、欠席した個所は期末試験の直前になって知り合いのノートを借りるなどして、必ずしも次の授業までに補いません。またそのノートのクオリティも、保証されたものではありません。理系の実験やゼミの討論などは対面でおこなう必要がありますが、講義形式の場合、いつでも見直すことができるオンデマンド形式の利点は大きいと感じました。何よりも、移動時間なしに、いつでもどこでも視聴することができます。

本書の最後の箇所に書いた、生きられた空間の大切さを自覚することと、世界への開かれた通路の確保の重要性を、私自身あらためて感じたこの数年間でした。

編集は、今回も松田健さんにお世話になりました。

文献紹介

全般に関するもの

苅部直・片岡龍編『日本思想史ハンドブック』新書館、二〇〇八年
大隅和雄『日本文化史講義』吉川弘文館、二〇一七年
佐藤正英『日本思想とは何か　現存の倫理学』筑摩選書、二〇一四年
魚住孝至『日本文化と思想の展開　内と外と』放送大学教育振興会、二〇二二年
吉村均『神と仏の倫理思想（改訂版）』北樹出版、二〇一五年
和辻哲郎『日本倫理思想史』（全四冊）岩波文庫、二〇一一〜二〇一二年
『講座　日本思想』（全五巻）東京大学出版会、一九八三〜一九八四年
『岩波講座　日本の思想』（全八巻）岩波書店、二〇一三〜二〇一四年
『日本思想史事典』丸善、二〇二〇年

民俗学

川田稔『柳田国男　知と社会構想の全貌』ちくま新書、二〇一六年
柳田国男『日本の祭』角川ソフィア文庫、二〇一三年
柳田国男『桃太郎の誕生』角川ソフィア文庫、二〇一三年
柳田国男『妹の力』角川ソフィア文庫、二〇一三年

柳田国男『日本の伝説』角川ソフィア文庫、二〇一三年
柳田国男監修・民俗学研究所編『年中行事図説』岩崎美術社、一九五三年
井口樹生・東郷克美・長谷川政春・藤井貞和『折口信夫　孤高の詩人学者　その作品と思想』有斐閣新書、一九七九年
折口信夫『古代研究』（全六冊）角川ソフィア文庫、二〇一六〜二〇一七年
折口信夫『死者の書・身毒丸』中公文庫、一九九九年
『民俗学事典』丸善、二〇一四年
西村亨編『折口信夫事典（増補版）』大修館書店、一九九八年
（文庫版）『柳田國男全集』（全三二巻）ちくま文庫、一九八九〜一九九一年
『柳田國男全集』（全三六巻・別巻二）筑摩書房、一九九七〜刊行中
（文庫版）『折口信夫全集』（全三一巻・別巻一）中公文庫、一九七五〜一九七六年
『折口信夫全集ノート編』（全十八巻・別巻一）中央公論社、一九七〇〜一九七四年
『折口信夫全集（新編集決定版）』（全三七巻・別巻三）中央公論新社、一九九五〜二〇〇二年

日本仏教

末木文美士『日本仏教史　思想史としてのアプローチ』新潮文庫、一九九六年
義江彰夫『神仏習合』岩波新書、一九九六年
中村生雄『カミとヒトの精神史　日本仏教の深層構造』人文書院、一九八八年
吉村均『空海に学ぶ仏教入門』ちくま新書、二〇一七年
川崎庸之編『日本の名著四　源信』中央公論社、一九七二年

末木文美士『禅の中世　仏教史の再構築』臨川書店、二〇二二年
五来重『高野聖』角川ソフィア文庫、二〇一一年
五来重『善光寺まいり』平凡社、一九八八年
藤木てるみ『妙好人源左さん』（上・下）探究社、一九九八年

歌・物語・中世の文化

大岡信『うたげと孤心』岩波文庫、二〇一七年
高橋亨『物語文芸の表現史』名古屋大学出版会、一九八七年
三谷栄一『校注古典叢書　竹取物語』明治書院、一九九八年
五味文彦・松岡心平・佐野みどり『日本の中世七　中世文化の美と力』中央公論新社、二〇〇二年
安田章生『日本の芸術論』創元選書、一九七二年
森蘊『「作庭記」の世界　平安朝の庭園美』カラー版ＮＨＫブックス、一九八六年
能勢朝次『能楽源流考』岩波書店、一九三八年
末木文美士『日本史リブレット　中世の神と仏』吉川弘文館、二〇〇三年
山本ひろ子『中世神話』岩波新書、一九九八年
伊藤聡・門屋温監修『中世神道入門　カミとホトケの織りなす世界』勉誠出版、二〇二二年

戦国仏教・キリシタン・儒学・国学

湯浅治久『戦国仏教　中世社会と日蓮宗』中公新書、二〇〇九年
神田千里『宗教で読む戦国時代』講談社選書メチエ、二〇一〇年

『キリシタンが見た真宗』東本願寺出版、一九九八年
梶田叡一『不干斎ハビアンの思想　キリシタンの教えと日本的心性の相克』創元社、二〇一四年
西村玲『近世仏教論』法藏館、二〇一八年
湯浅邦弘『諸子百家　儒家・墨家・道家・法家・兵家』中公新書、二〇〇九年
土田健次郎『江戸の朱子学』筑摩選書、二〇一四年
森和也『神道・儒教・仏教　江戸思想史のなかの三教』ちくま新書、二〇一八年
菅野覚明『本居宣長　言葉と雅び』ぺりかん社、二〇〇四年

近代

安丸良夫『神々の明治維新　神仏分離と廃仏毀釈』岩波新書、一九七九年
多木浩二『天皇の肖像』岩波現代文庫、二〇〇二年
松谷みよ子『現代の民話　あなたも語り手、わたしも語り手』河出文庫、二〇一四年
柳田国男『明治大正史 世相篇（新装版）』講談社学術文庫、一九九三年
田中久文『日本の哲学をよむ　「無」の思想の系譜』ちくま学芸文庫、二〇一五年
加藤陽子『それでも、日本人は「戦争」を選んだ』新潮文庫、二〇一六年
丸山真男『日本の思想』岩波新書、一九六一年
佐藤康邦・田中久文・清水正之編『甦る和辻哲郎　人文科学の再生に向けて』ナカニシヤ出版、一九九九年

『日本書紀』（全五巻）岩波文庫、一九九四〜一九九五年
『風土記』（上・下）角川ソフィア文庫、二〇一五年
『日本霊異記』小泉道校注、新潮日本古典集成、新潮社、一九八四年
『竹取物語』岩波文庫、一九七〇年
『平家物語』（全四冊）岩波文庫、一九九九年
『正法眼蔵』「唯仏与仏」『原文対照現代語訳・道元禅師全集　第七巻』春秋社、二〇〇九年所収
『正法眼蔵随聞記』水野弥穂子訳、ちくま学芸文庫
『末燈鈔』、『親鸞全集』四、春秋社、一九八六年
『八幡愚童記』（八幡愚童訓（甲本）の題で収録）『日本思想大系20　寺社縁起』岩波書店、一九七五年所収
マテオ・リッチ『天主実義』東洋文庫、二〇〇四年
宮沢賢治『グスコーブドリの伝記』、『童話集　風の又三郎　他十八篇』所収、岩波文庫、一九五一年

ちくま新書
1765

日本人《にほんじん》なら知《し》っておきたい
日本《にほん》の伝統文化《でんとうぶんか》

二〇二三年一二月一〇日 第一刷発行

著者 吉村 均（よしむら・ひとし）

発行者 喜入冬子

発行所 株式会社 筑摩書房
東京都台東区蔵前二-五-三 郵便番号一一一-八七五五
電話番号〇三-五六八七-二六〇一（代表）

装幀者 間村俊一

印刷・製本 株式会社 精興社

ISBN978-4-480-07598-7 C0221

ちくま新書

1284
空海に学ぶ仏教入門
吉村均
空海の教えにこそ、伝統仏教の教義の核心が凝縮されている。弘法大師が説く、苦しみから解放される心のあり方「十住心」に、真の仏教の教えを学ぶ画期的入門書。

1370
チベット仏教入門
——自分を愛することから始める心の訓練
吉村均
生と死の教えが世界的に注目されているチベットの仏教。その正統的な教えを解説した初めての入門書。基礎的な知識から学び方、実践法までをやさしく説き明かす。

1326
仏教論争
——「縁起」から本質を問う
宮崎哲弥
和辻哲郎や三枝充悳など、名だたる知識人、仏教学者が繰り広げた、縁起をめぐる戦前・戦後の論争。犀利な分析を通して、その根本を浮かび上がらせた渾身作！

1201
入門　近代仏教思想
碧海寿広
近代日本の思想は、西洋哲学と仏教の出会いの中に生まれた。井上円了、清沢満之、近角常観、暁烏敏、倉田百三らの思考を掘り起こし、その深く広い影響を解明する。

1581
廃仏毀釈
——寺院・仏像破壊の真実
畑中章宏
明治の神道国教化により起こり、「寺院・仏像を破壊する熱狂的民衆」というイメージが流布する廃仏毀釈。実際はどんなものだったのか。各地の記録から読みとく。

1618
教養としての仏教思想史
木村清孝
紀元前6世紀にゴータマが始めた仏教は、いかにして現在の形となったのか。思想的変遷を歴史の中に位置づけ各地域の展開を一望。膨大な知の全貌を俯瞰する。

1450
日本の民俗宗教
松尾恒一
大嘗祭、ねぶた、祇園祭り……。「日本の伝統」はいかに作られたのか。古代から現代まで、外来文化との混淆や対立により形成された日本の民俗信仰の変遷を追う。

ちくま新書